改訂 労働安全衛生規則の解説

産業用ロボット関係

中央労働災害防止協会

序

　昭和57年に旧労働省（現厚生労働省）が実施した190事業場に対する産業用ロボットの労働災害等に関する実態調査結果では，昭和53年以降2件の死亡災害を含む11件の労働災害が発生し，労働災害にいたらないまでもマニプレータに接触しそうになった事例が37件あることが把握されました。これらの事例の多くは，予測しがたいマニプレータの複雑な動き，ノイズ等によるマニプレータの誤作動等従来の機械には見られなかった産業用ロボット特有の危険性によるものであったことから，これらの災害防止の対策を講じるために昭和58年，労働安全衛生規則が改正されたのです。

　その規制内容は，具体的には，同規則中の各条文中に示されていますが，その性質上，きわめて専門的，技術的な内容を含んだものが多く，労働災害の防止を期するためには，事業者はもちろん関係の方々に広くその内容を理解していただくことが重要です。このため産業用ロボットに係る規制の内容をできるだけ多くの関係者にお知らせし，その円滑な実施を図るため解説を行うことを目的に本書が作成されました。

　我が国における産業用ロボットの稼動台数は非常に多く，今後もこの傾向は続くものと思われます。しかも，産業用ロボットは年々複雑高度化しています。このような中で，本書がひろく関係者の方々に利用され，産業用ロボットによる労働災害の防止の手助けとして役立つことを期待します。

　令和2年5月

中央労働災害防止協会

目　　次

第 1 編

改正労働安全衛生規則の概要

1. 規則の改正の経緯

　最近におけるマイクロエレクトロニクスを活用した産業用ロボットをはじめとする自動生産設備の開発，導入はめざましい状況である。とりわけ産業用ロボットがその動作にフレキシビリティを有することから，多様な生産方式の採用にその特性を発揮し，今後これを軸とした生産工程の自動化，システム化が急速に進展すると考えられるところである。昭和57年7月に旧労働省（現厚生労働省）が実施した190事業場に対する産業用ロボットの労働災害等に関する実態調査（以下「実態調査」という。）によっても，今後ますます産業用ロボットが生産現場に導入されていくであろうことがうかがわれる（参考資料表3，および表8参照。参考資料は巻末に掲載。）。

　また，災害防止の面においても，従来から有効な対策の講じにくい危険・有害な職場に産業用ロボットが導入されることにより，その効果が大いに期待されるところである（参考資料表4参照）。

　しかしながら，上述の実態調査によると5年間に，死亡2件を含め，11件の労働災害が発生している（参考資料表15参照）。また，労働災害には至らなかったがマニプレータへ接触しそうになった事例が37件ある（参考資料表16参照）。これらの事例をみると，産業用ロボットには従来の機械等の生産設備とは異なる次のような危険性を有していることが推察できる。

① 産業用ロボットの機構，制御がかなり複雑，高度化しているため，その取扱いには相当の知識を要し，取扱者の知識の不足は誤操作等の不安全行動の原因となる。

② 部品等の信頼性，設置条件によっては，ノイズ等により制御回路に異常が発生することがあり，結果としてそれが産業用ロボットの異常作動として現れる。

③ 産業用ロボットは，その機体外部の空間を自動的に作動するマニプレータを有し，その動きが速く複雑なものが多いためマニプレータの作動

方向順序等が容易に判断できない。

④　産業用ロボットの特有の作業といわれている教示作業には，マニプレータを作動させながらそれに接近しなければならないものがある。

このように産業用ロボットは，一面では生産性，安全性において有効なものであるが，同時に，従来の機械設備にはない特有の危険を伴うものである。今後，産業用ロボットの導入は製造業のみでなく他の業種に拡大され，また企業規模の大小を問わず，使用されることが予想される。この場合，自主的な安全管理が十分に行われない事業場にも設置されることがあり，これらの事業場での災害の発生が懸念されるところである。

旧労働省では，このような背景に基づき，昭和58年2月17日，中央労働基準審議会に「労働安全衛生規則の一部を改正する省令案要綱（産業用ロボット関係）について」を諮問した。審議会では，産業用ロボットの安全を確保するための措置は専門的，技術的な事項を含んでおり，労働災害防止部会で十分審議することが適当であるとして，その後3回にわたり労働災害防止部会で慎重審議がなされた。審議結果は3月17日の中央労働基準審議会に報告され了承された。

部会報告の概要は次のとおりであった。

①　諮問案については，その内容は産業用ロボットにかかわる当面の安全対策として妥当であること。

②　したがって今後の労働災害の状況，技術の進展等を踏まえて必要に応じて産業用ロボットの安全対策の充実強化を図ること。

③　産業用ロボットの構造規格を定めることについては，現在産業用ロボットが発展段階にあり，技術の進歩が著しいので基準を定めることは今日の段階では困難であろうが，将来の検討課題とすること。

④　教示等，検査等を行うときは監視人を置くことが望ましいが，産業用ロボットの種類，作業の内容が多岐にわたることにかんがみ最低基準として義務付けるものではなく，事業場の実態に即しつつ，必要に応じて配置することとして，その対応については労働安全衛生法第28条に基づ

　　く技術上の指針に示し，これにより事業者が作業規程を作成することが
　　適当であること。
　ところで，産業用ロボットもそれが動力を有する機械であることは，一般
の機械と変わりはない。したがって，災害防止についても現在の労働安全衛
生規則（以下「規則」という。）の中で一般機械としての適用をうけることは
いうまでもなく，動力伝導部分に対する覆い，囲い等の設置，検査，給油の
際の運転を停止する等の措置が必要であることは当然であるが，マニプレー
タに対する防護措置や運転停止のできない場合の教示等における安全措置に
ついては従来の規則では何ら規制されておらず，そのため，今回の労働安全
衛生規則の改正によりマニプレータへの接触による危険を防止するためのさ
く，囲い等の設置，危険な教示・検査等の作業に従事する労働者に対する安
全教育の実施，教示作業等における安全上の作業規程の作成などについて必
要な規制を設けることとしたものである。これにより産業用ロボットによる
労働災害の防止対策が徹底され，併せて産業用ロボットが安全で有用な生産
設備として位置付けがなされていくことを期待するものである。

2．改正規則の構成

　産業用ロボットについての規制が必要となった背景等については，１．の
「規則の改正の経緯」の中で述べたところであるが，今回の規則の改正に当
たっては，規制のあり方，その内容等についてさまざまな議論がなされた。
ここでは，産業用ロボットに関する規制がどのような考え方に基づき制定さ
れ，またその結果どのような構成となっているかについて紹介することとす
る。

(1)　規制のあり方について

　従来から，労働安全衛生法および労働安全衛生規則においては，①労働者
の安全衛生に関する知識・技能の向上，②機械・設備の安全化，③安全衛生
管理の徹底を３本柱としている。今回の規則の改正においても，この「人」，
「物」，「管理」という基本的な考え方は変わっていない。しかしながら，産
業用ロボットという機械のもつ特性により，この３本柱の内容はプレス機
械，木材加工用機械等といった従来の機械とは異なっている。
　産業用ロボットのもつ特性のなかで，最も顕著なものは，労働者と産業用
ロボットとの接点は少ないものの万一事故が発生した場合には，被害が大き
くなる傾向がみられるという点である。産業用ロボットは，危険・有害な業
務，単純な業務等を人間に代わって行うことのできるものであり，通常，労
働者は産業用ロボットの巡視等の業務に携わることとなるので，接触の機会
が少ないのは当然であるが，一般に産業用ロボットのマニプレータは大きな
力を有し，またそのスピードも速いので潜在的な危険性は大きいといえる。
　したがって，産業用ロボットの規制を行うに当たっては，労働者と産業用
ロボットとの少ない接点をとらえて適切な措置を講じることが必要となる。
　労働者と産業用ロボットの接点すなわち労働者が産業用ロボットの可動範

囲内に立ち入る可能性があるケースとしては次のものが考えられる。

　㋑　教示（ティーチング）の作業および教示の結果の確認のとき

　㋺　作業開始前の点検，定期検査のとき

　㋩　調整，修理およびこれらの結果の確認のとき

　㋥　自動運転中におけるトラブル発生時の応急措置等のとき，または労働
　　者が判断を誤ったとき

　このうち㋥を除くものは作業を予定して行うことができるものであり，ま
た作動の内容もある程度定型化することができる。したがって，まず，この
㋑～㋩のケースについて適切な安全対策がとられることとなれば，労働者が
産業用ロボットに積極的に接近する場合の安全が確保されることとなり，さ
らに，㋥のケースのように通常予定されていない作業を行わなければならな
い場合の安全対策を何らかの形で講じることとすれば，産業用ロボットに関
する作業の全体について，一応の安全対策が講じられることとなる。

　今回の規則の改正は，以上のような考え方に基づき，

　①　あらかじめ労働者が産業用ロボットの可動範囲内に立ち入ることが予
　　定されている作業についての安全対策

　②　自動運転中に突発的に可動範囲内に立ち入らなければならない場合の
　　安全対策

について規制がなされている。

①　あらかじめ予定されている作業に関する安全対策

　教示，検査のように産業用ロボットの導入に伴い，予定される作業につい
ては，

　イ　作業を行う者を限定できる。

　ロ　作業を行う時期をある程度特定できる。

といった特徴があり，安全対策を講じる上で有利な条件であるが，ロボット
の種類，構造によって作業の内容が大幅に異なり，一般に，産業用ロボット
の構造等が複雑であるため，その内容は高度かつ技術的であり，画一的な対

策では効果があがらない面もある。

　以上の事項を前提として，次のような基本的な考え方をまとめた。

　イ　可動範囲の外側で作業を行うのであれば，マニプレータに接触した
　　り，はさまれたりする危険性はないのであるから規制する必要はない。

　ロ　可動範囲内で教示等の作業および検査等の作業を行う場合は，産業用
　　ロボットを停止させて行うことを原則とする。

　ハ　この場合は，産業用ロボットが動力により，自動的に作動しない状態
　　を確保させる必要があるが，この措置を講じればそれ以上の規制は不要
　　である。

　ニ　教示等の作業または検査等の作業でイ〜ハにより作業を行えない場合
　　は次の措置を講じさせることとする。

　　㋑　産業用ロボットの種類，構造，作業方法に見合った作業規程を作成
　　　させ，これにより作業を行うよう自主管理を行わせる。

　　㋺　作業中に関係者以外の者が産業用ロボットの操作を行わないように
　　　管理を行わせる。

　　㋩　万一の場合に備えて産業用ロボットの運転を緊急に停止させること
　　　ができるよう設備の安全化を図らせる。

　　㋥　作業に当たる者に，産業用ロボットの基本的な構造，危険の回避方
　　　法等を教育することにより，労働災害を防止するために必要な知識や
　　　技能を習得させる。

　これらをまとめると次の**図1-1**のようになる。

②　自動運転中の接触の防止

　通常，産業用ロボットが導入された場合，労働者は産業用ロボットの巡視
等の業務につくこととなるので，産業用ロボットの自動運転中に可動範囲内
へ立ち入る可能性としては，

　イ　産業用ロボットまたは関連機器との間にトラブルが発生し，それに対
　　処しようとする場合

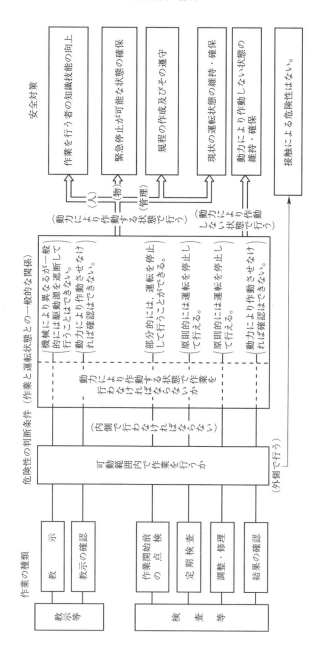

図 1-1　予定される作業の危険性の判断条件と安全対策

　ロ　労働者が安全であると判断するかまたは誤って立ち入る場合

が考えられる。

　これらに関する安全対策を考える場合，機械のトラブルをゼロにすること

および労働者の判断の誤りをなくすことは不可能に近いことであるから，運

転中の産業用ロボットの可動範囲内に労働者を立ち入らせない措置を講ずる

ことこそが有効な対策と考えられる。その方法としては，可動範囲内に立ち

入れないようにすること，または，立ち入る場合は運転を止めることの2通

りの対処の方法があるが，安全対策としては，前者の方が労働者の意志が関

与しないため後者よりも優ることから原則として労働者が可動範囲に立ち入

らないような措置（さくまたは囲いを設けること）を講じさせることが適当で

あるとした。

(2)　条文作成において考慮された事項

　ここまでの基本的な考え方をもとに具体的な条文の作成が行われたが，そ

の際に考慮した点を以下にまとめる。

　イ　産業用ロボットは多様な構造，性能を持ち，また今後一層の発展が予

　　測されるので，画一的な作業方法，対策を規定すべきでない。

　ロ　自主的な作業管理の手法としては，作業主任者によるものも考えられ

　　るが，作業の内容が機種によりまちまちであることや作業者は主に巡視

　　の業務に従事すること，教示等の作業は作業を行う者が十分な知識・技

　　能を有していれば安全を担保できると考えられること等から作業主任者

　　による方法は適切でないと考えられる。

　ハ　イおよびロの理由から作業の管理は，産業用ロボットの種類，性能等

　　に見合った作業規程を作成させ，これにより行わせることが適切であ

　　る。

　ニ　作業者の必要な知識および技能の教育は，相当高度な内容を持つもの

　　であるから，雇入れ時または作業内容の変更時の教育のみでは十分とい

えないので特別教育を実施させることとすることが適切である。

ホ　自動運転中の危険の防止については，立入禁止措置を講じさせること
　　が必要であり，その具体的措置としては，産業用ロボットの周囲を安全
　　囲いで覆う方法や産業用ロボットに取り付けられたセンサーが労働者を
　　察知して自動的に運転を停止させる方法などがあるが，産業用ロボット
　　はさまざまな作業に使用されており，その作業に合った措置を講ずるこ
　　とが肝要であることから，安全対策をさく，囲いの設置だけに限らず具
　　体的な実施方法は事業者に選択させることが適切である。

ヘ　規則第2編第1章は，「機械による危険の防止」について規定したも
　　のであり，その第1節は機械に関する一般基準を定め，第2節から第8
　　節では，工作機械，木材加工用機械等労働災害を防止するうえから必要
　　な機械についてその安全基準を定めている。産業用ロボットは，これら
　　工作機械，木材加工用機械等にも該当する場合もあるが，産業用ロボッ
　　ト特有の危険性があることから，第9節として独立した節をおこすこと
　　が適切である。

ト　産業用ロボットの発展は急速であり，今後，産業用ロボットに関する
　　作業状態に変化がみられた場合には，適宜見直しを図っていくべきであ
　　る。

第 2 編

規則および告示の解説

1. 規則の適用

(1) 産業用ロボットの定義

産業用ロボットは自動機械の一種であるが，自動機械のうちどこまでを産業用ロボットというかというと，専門家の間においてもまだ意見が一致していない。そのため，産業用ロボットを定義することは非常に困難なことである。

ただ，人間の上肢に似た機能を有するマニプレータを有する自動機械であることについては一致した意見である。

狭くは，いわゆるプレイバックロボット，数値制御ロボットおよび知能ロボットをいう場合もあり，学術的にも一番ロボットらしいロボットといえる。

しかし，シーケンス制御装置を有する自動機械においてもこれらと同様の複雑な動きをするものもあり，プレイバックロボット等のみを産業用ロボットとすることは問題がある。また，比較的単純な動きをする固定シーケンス制御装置を有する自動機械においても動作の順序，方向等は一定の繰り返しではあるが，機体の外部に大きな力を持ったマニプレータが自由空間を移動するものもあり，これの危険性は従来いわれてきた自動機械とは異なるものであり，現実にこのような自動機械によっても死亡災害が発生している（付録2　災害事例参照）。さらに可変シーケンス制御装置を有する自動機械は，容易にその動作を変更することが可能であるため，労働者が錯覚を起こす恐れがあり危険性が増大する。

このため，今回の規則改正においては，固定シーケンス制御装置または可変シーケンス制御装置を有する自動機械についてもマニプレータを有するものは産業用ロボットとして規則を適用することとしたものである。

ただし，出力が小さくて接触しても災害に結び付く危険性がきわめて少な

いもの，固定シーケンス制御装置の情報に基づきマニプレータが単純な繰り返しのみを行うため，その動作が容易に予測できるもの，その他，マニプレータの可動範囲が小さくてマニプレータにはさまれる危険性が少ないものを労働大臣（現厚生労働大臣）告示により除外（第2編の3参照）し，産業用ロボットを次のように定義したものである。

　「マニプレータおよび記憶装置（可変シーケンス制御装置及び固定シーケンス制御装置を含む。）を有し，記憶装置の情報に基づきマニプレータの伸縮，屈伸，上下移動，左右移動若しくは旋回の動作又はこれらの複合動作を自動的に行うことのできる機械（研究開発中のものその他労働大臣（当時）が定めるものを除く。）」。

　産業用ロボットの定義は，定義をする目的により異なるものであり，ここでの定義は現在開発されている産業用ロボットをもとに，労働災害の防止に着目して行ったものであり，学術的な定義とは異なる面もある。

　なお，ここでいう自動的に行うことのできる機械とは，人が操作（始動のための操作を除く。）をしなくとも各種動作を自動的に行うものであり，したがってマニュアルマニプレータ等の人の操作を借りて作業を行う機械は自動機械には該当しないものである。

(2)　適用上の留意点

　労働安全衛生関係法令上，産業用ロボットは「機械」に該当するものであり，規則第2編第1章第9節（産業用ロボット）のみでなく，第1節はもちろん，当該産業用ロボットが工作機械であれば第2節，木材加工用機械であれば第3節が適用される等，他の節，場合によっては他の章の機械としても適用されるものである。

　法令の適用に当たっては次のことに特に留意する必要がある。

　イ　規則第107条の規定と第150条の5の規定は同一趣旨の部分があるが，
　　　第150条の5の規定は第107条の規定の特別則に当たるものであり，した

がって産業用ロボットの検査，修理，調整，掃除または給油の作業を行う場合は第107条の規定の適用は排除され，第150条の5の規定が適用されること。

ロ　新規に導入する産業用ロボットに係る危険の防止に関することは，安全委員会の付議事項に含まれるものであり（規則第21条第2号），安全委員会を設けるべき事業場については，労働安全衛生法第17条第1項の規定により，安全委員会において調査審議させることとしていなければならないこと。

ハ　産業用ロボットを設計し，または製造する者は，産業用ロボットの設計または製造に際して，産業用ロボットが使用されることによる労働災害の防止に資するように努めなければならないこと（労働安全衛生法第3条第2項）。

ニ　産業用ロボットによる労働災害等は，産業用ロボットの運転を開始するときに合図を行わなかったことが原因となって生じているものもあるため，規則第104条の規定により一定の合図を定め，合図をする者を指名して，関係労働者に対し合図を行い，可動範囲内もしくは関連機械の危険箇所に労働者がいないことを確認してから運転を開始するようにすること。

(3)　改正規則の施行期日

改正規則の施行期日は昭和58年7月1日とされたが，「さく又は囲いを設ける等」，「特別教育の実施」等の準備期間を要する措置については昭和59年1月1日または昭和59年4月1日とされた。詳細は**表 2-1**のとおりである。

表 2-1　規則の施行日

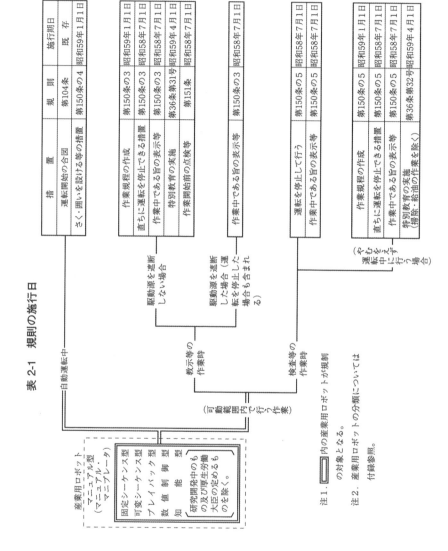

措　　　置	規　　則	施行期日	
運転開始の合図	第104条	既　存	
さく、囲い等を設ける等の措置	第150条の4	昭和59年1月1日	
作業規程の作成	第150条の3	昭和59年1月1日	
直ちに運転を停止できる措置	第150条の3	昭和58年7月1日	
作業中である旨の表示等	第150条の3	昭和58年7月1日	
特別教育の実施	第36条第31号	昭和59年4月1日	
作業開始前の点検等	第151条	昭和58年7月1日	
作業中である旨の表示等	第150条の3	昭和58年7月1日	
運転を停止して行う	第150条の5	昭和58年7月1日	
作業中である旨の表示等	第150条の5	昭和58年7月1日	
作業規程の作成	第150条の5	昭和59年1月1日	
直ちに運転を停止できる措置	第150条の5	昭和58年7月1日	
作業中である旨の表示等	第150条の5	昭和58年7月1日	
特別教育の実施（掃除・給油の作業を除く）	第36条第32号	昭和59年4月1日	

注1. □ 内の産業用ロボットが規則の対象となる。

注2. 産業用ロボットの分類については付録参照。

2. 規則の解説

(1) 特別教育（第36条第31号，第36条第32号）

> **第36条**
>
> **第31号** マニプレータ及び記憶装置（可変シーケンス制御装置及び固定シーケンス制御装置を含む。以下この号において同じ。）を有し，記憶装置の情報に基づきマニプレータの伸縮，屈伸，上下移動，左右移動若しくは旋回の動作又はこれらの複合動作を自動的に行うことができる機械（研究開発中のものその他厚生労働大臣が定めるものを除く。以下「産業用ロボット」という。）の可動範囲（記憶装置の情報に基づきマニプレータその他の産業用ロボットの各部の動くことができる最大の範囲をいう。以下同じ。）内において当該産業用ロボットについて行うマニプレータの動作の順序，位置若しくは速度の設定，変更若しくは確認（以下「教示等」という。）（産業用ロボットの駆動源を遮断して行うものを除く。以下この号において同じ。）又は産業用ロボットの可動範囲内において当該産業用ロボットについて教示等を行う労働者と共同して当該産業用ロボットの可動範囲外において行う当該教示等に係る機器の操作の業務

【解　説】

　産業用ロボットに作業を行わせるには，その作業を行う前に産業用ロボットに動作を教えなければならないものがある。この動作を教えることを「教示（ティーチング）」といい，教示作業を行うとき，教示作業者は産業用ロボットに近づいて（可動範囲内で）行う場合が多く，このため産業用ロボットがノイズや誤操作により異常作動を起こした場合は労働災害が発生する危険性が高い。教示作業を安全に行うには，当該作業を行う労働者が産業用ロボットについて適正な知識と運転技能を有することが必要であることから，本号において，その労働者に対して特別教育を行わなければならないこととしたものである。

　また，産業用ロボットの可動範囲内において教示作業を行う労働者と連絡
をとりながら，別の労働者が産業用ロボットの可動範囲外において産業用ロ
ボットの操作盤のスイッチを操作して，マニプレータ等を作動させ，また，
必要な情報を記憶させるときは，後者の誤操作等により教示作業を行う労働
者に危険を及ぼすおそれがあることから，後者に対しても特別教育を行い，
産業用ロボットについての適正な知識と運転技能を身につけさせることとし
たものである。

　なお，一般に教示とは，プレイバック運転（付録 1の1 産業用ロボットの種
類参照）の産業用ロボットに特有の作業で，プレイバック運転の産業用ロボ
ットに接近してマニプレータの動作を教える（マニプレータの動作の順序，
位置若しくは速度を設定し，又は変更する。）作業をいうものであるが，他
の型（付録 1の1 産業用ロボットの種類参照）のロボットについても，その可
動範囲内においてマニプレータの動作の順序等を設定し，または変更する場
合には，プレイバック運転の産業用ロボットの教示を行うときと同様の危険
性があることから，本規則ではこれらも含めて「教示」と称したものである。

　これらの教示作業後に行う産業用ロボットのマニプレータの動作の順序等
の確認も教示と一連の作業であるとともに，可動範囲内でこの作業を行う場
合には，教示の作業を行うときと同様の危険性があることから，この確認の
作業も含めて「教示等」とし，可動範囲内で行う確認作業には特別教育を義
務付けた。また，この確認の作業を行う労働者と連絡をとりながら，当該産
業用ロボットの可動範囲外において操作盤のスイッチを操作する労働者に対
しても誤操作等により確認作業を行っている労働者に危害を及ぼすことを防
止するため特別教育を義務付けたものである。

【用語の意味】

　イ　マニプレータ

　産業用ロボットの大きな特徴の一つは，人間の腕に相当するアームが機体
の外部に取り付けられ，このアームにより人間の行う作業を代替する，とい
うことである。すなわち，アームの先端（メカニカルハンド：人間でいえば

手）で物体（ワーク）を把持したり，道具を持って作業を行ったりすること
である。規則では，このような機能を持ったアームのことを「**マニプレータ**」
といっている。ここで把持とはメカニカルハンド，吸着器等により物体を把
握し，吸着または保持する状態をいうものである（**図 2-1**　参照）。

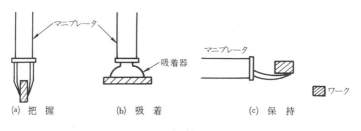

図 2-1　把 持 の 例

　なおメカニカルハンドとは，人間の手に相当するものであり，工具を持っ
たり，物体を把持する機能を有するものである（**図 2-2**　参照）。
　しかし，産業用ロボットの中にはメカニカルハンドがなく，その代わりに
塗装用スプレーガン，溶接用トーチ等の工具類が直接取り付けられているも
のがある。これらの工具類をメカニカルハンドで把持して作業を行わせるこ
とも可能であるが，直接取り付けることで作業性が向上し，軽量となるとい
う利点がある。このため，メカニカルハンドを有してはいないが，メカニカ
ルハンドの代わりに工具類を取り付けることができるものについても，マニ
プレータとしたものである。
　なお，メカニカルハンドはマニプレータの一部とみなされるが，工具類は
作業の内容に伴って取り替えることができるようになっているため，産業用
ロボットの一部とは見なされず，したがってマニプレータには含めないこと
とした（**図 2-3**　参照）。

【関 連 通 達】
　「マニプレータ」とは，人間の上肢に類似した機能を有し，次の作業を行
うことができるものをいうこと。

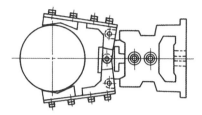

(a) メカニカルハンド（2指）

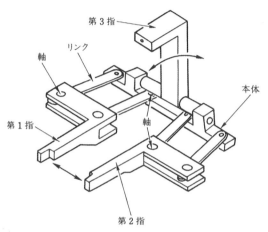

(b) メカニカルハンド（3指）

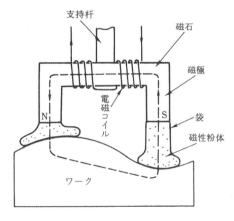

(c) 電磁吸着器

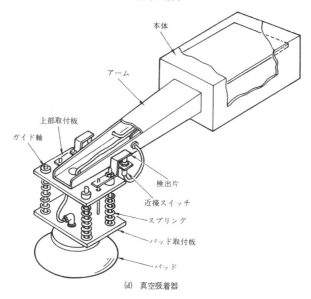

(d) 真空吸着器

図 2-2　メカニカルハンドまたは吸着器の例

（加藤一郎編著「図解ロボットハンド」工業調査会発行より）

(イ)　その先端部に当たるメカニカルハンド（人間の手に相当する部分），吸
　　着器等により物体を「把持し」（把握し，吸着し，保持する等をいう。）
　　空間的に移動させる作業。

(ロ)　その先端部に取り付けられた塗装用スプレーガン，溶接トーチ等の
　　工具による塗装，溶接等の作業。（昭和58年6月28日基発第339号，改正
　　平成25年12月24日基発1224第2号）

【参　考】JIS B 0134：2015

番号	用　　語	定　　　義
2.1	マニピュレータ	互いに連結され相対的に回転又は直進運動する一連の部材で構成され，対象物（工作物，工具など）をつか（摑）み，通常，数自由度で動かすことを目的とした機械。 注記1　マニピュレータは，オペレータ，プログラム可能なコントローラ，又は論理システム（カム機構，リレー制御回路など）によって制御される。 注記2　マニピュレータは，エンドエフェクタを含まない。

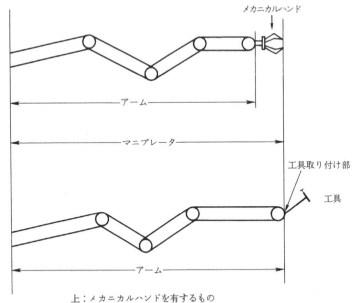

上：メカニカルハンドを有するもの
下：アームに直接工具が取り付けられているもの

図2-3　マニプレータの構成

ロ　記憶装置

　一般に記憶装置とは，磁気ディスク，磁気テープ，集積回路等をいい，電子計算機の周辺機器として，情報を蓄積できるものをいう。このような記憶装置を有する産業用ロボットでは，マニプレータの動作の順序，位置，速度を数値化して，その情報を蓄積している。しかしながら，マニプレータの動作の順序，位置，速度等の設定は，ピンボード，カム，クランク，歯車等を用いてもでき，マニプレータの動作を，磁気ディスク等に蓄積した情報によって可能な動作と同程度の動作を行えることから，ピンボード，カム，クランク，歯車等から構成される。可変シーケンス制御装置および固定シーケンス制御装置も規則においては，記憶装置に含まれるものとされている。

【関連通達】

　一般に記憶装置とは，マニプレータの動作の順序，位置，速度等の情報を

記憶する装置をいい，磁気ディスク，集積回路等が代表的な例であるが，「可変シーケンス制御装置」及び「固定シーケンス制御装置」もピンボード，カム等によりマニプレータの動作の順序，位置，速度等の情報を有することができることから，本号の「記憶装置」に含めることとしたものであること。(昭和58年6月28日基発第339号，改正平成25年12月24日基発1224第2号)

ハ　産業用ロボット

規則では，「マニプレータ及び記憶装置（可変シーケンス制御装置及び固定シーケンス制御装置を含む。）を有し，記憶装置の情報に基づきマニプレータの伸縮，屈伸，上下移動，左右移動若しくは旋回の動作又はこれらの複合動作を自動的に行うことのできる機械（研究開発中のものその他厚生労働大臣が定めるものを除く。）」と規定している。すなわち，記憶装置の情報に基づき動作を自動的に行うことのできる機械であって，人が操作するマニュアル・マニプレータは，本規則の規制の対象にならない。これは，マニュアル・マニプレータは人が操作するもので，その動作は常に操作者の管理下にあり，従来の機械と異なる危険性の特質を備えていないからである。

なお，同一機械で，マニュアルと自動の切替スイッチが備えられ，あるときはマニュアル・マニプレータとして使え，また自動的に作動させることもできる機械は，マニュアル・マニプレータとして使用しているときに，誤操作等により，自動運転される危険性もあるので，規則にいう産業用ロボットになるものである。条文の上からも，「動作を自動的に行うことのできる機械」となっており，能力として備わっていた場合には，この機械の範ちゅうに含まれ，使用方法にかかわらず，規則にいう産業用ロボットとなる。

ニ　シーケンス制御装置

シーケンスとは動作，仕事などの順序という意味で，産業用ロボットにおいては，マニプレータの動作の順序等を制御する装置をシーケンス制御装置と呼んでいる。産業用ロボットのシーケンス制御装置の中でも，カム，クランク，歯車，スイッチ等が機械の内部に組み込まれ，これらの取替えまたは調整が困難なもの（制御を変更するための取替えまたは調整を予定しておらず，

したがって設計上それを配慮していないものも含む）を固定シーケンス制御装置と呼び，ピンボード，プログラマブル・コントローラー（P.C）等でマニプレータの順序等が設計上変更できる構造になっているものを可変シーケンス制御装置と呼ぶ。

【関 連 通 達】

　シーケンス制御装置とは，あらかじめ設定された順序，条件及び位置にしたがって動作の制御を行う装置をいうものであり，シーケンス制御装置のうち，カム等が機械の内部に組み込まれ，マニプレータの動作の順序等を変更することが困難なものを「固定シーケンス制御装置」といい，ピンボード等でマニプレータの動作の順序等を容易に変更することができるものを「可変シーケンス制御装置」というものであること。

（昭和58年6月28日基発第339号，改正平成25年12月24日基発1224第2号）

　ホ　複 合 動 作

　マニプレータが，ある点からある点へ移動する場合，伸縮，屈伸，上下移動，左右移動，または旋回の動作を行い，最終の点へ到達する。この場合，動作の効率をあげるため2つ以上の動作を同時に行う場合がある。これを複合動作といっている。例えば，伸縮と旋回をとりあげると，まず伸縮動作でマニプレータが伸び，その後に旋回を行って目的点へ達した場合（**図 2-4 参照**　A→B→C→D→Eの運動），これは規則にいう複合動作とはいわない。しかし，伸縮と旋回を同時に行って目的点へ達した場合（**図 2-4 参照**　A→C'→Eの運動），これを規則では複合動作といっている。

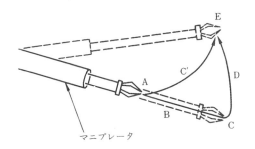

A：始点　　E：終点

複合動作（伸縮と旋回）：A→C′→E
伸縮動作と旋回動作：A→B→C→D→E

図 2-4　複合動作

【関連通達】

「複合動作」とは伸縮，屈伸，上下移動，左右移動又は旋回の動作のうち2以上の動作を同時に行うものをいうこと。

（昭和58年6月28日基発第339号，改正平成25年12月24日基発1224第2号）

　ヘ　研究開発中のもの

　規則にいう研究開発中のものとは，産業用ロボット自体の研究開発を行っている場合をさし，産業用ロボット以外の研究のために，産業用ロボットを利用している場合，例えば，原子力関係の研究開発のため産業用ロボットを使用する場合などは，規則にいう研究開発中のものには含まれない。

　また，完成された機械を，生産現場において試行的に使用し，産業用ロボット導入のための準備またはデータ収集等を行う場合であっても，生産現場の中で実際に生産の用に供されたものは，研究開発中のものに該当しないものである。

【関連通達】

「研究開発中のもの」とは，現にその機械自体が研究開発中のものをいうこと。

　なお，完成された機械を生産現場において試行的に使用する場合，当該機

械は,「研究開発中のもの」には該当しないこと。

（昭和58年6月28日基発第339号，改正平成25年12月24日基発1224第2号）

ト　可動範囲

　固定シーケンスロボットの場合，そのロボットが動ける範囲は一義的に決まってしまい，一般的には，シーケンスを変えることはほとんどなく，ロボットが動く範囲は固定される。したがって固定シーケンスロボットの場合の「可動範囲」は，カム等で組み込まれている時点での動ける最大の範囲をいう。しかしながら可変シーケンスロボット，プレイバックロボット等の場合，プログラムを変えたり，ピンボード等で動作の順序等を変更したとき，その産業用ロボットの機体各部の動く範囲が変わってしまう。産業用ロボットの災害の中にも，プログラムの種類の選択を誤って予期しないところへマニプレータが動き事故になった例もある。このため，そのときに使用しているプログラムによって決まる産業用ロボットの各部の動く範囲のみを可動範囲というのではなく，構造上記憶装置に基づいて動ける最大の範囲を可動範囲としたものである（**図2-5**参照）。

　また，産業用ロボットの中には，記憶装置に基づいて自動的に作動する機能と，人の操作によって動く機能の両機能を持っているものがあり，このようなものにあっては人が操作することによってのみ動くことのできる範囲はこの可動範囲には含まれない（**図2-6**，**図2-7**参照）。

　また，産業用ロボットに工具を取り付けた場合，この工具は産業用ロボットと一体になりマニプレータと同様の危険性があるので，この工具の動ける範囲も可動範囲に含まれることとされたものである。

　なお，産業用ロボットの構造上動ける最大範囲の中に産業用ロボットの制御系から独立している電気的ストッパー，または機械的ストッパーがあるときは，これらのストッパーにより，産業用ロボットの動きが限定されるため，これらのストッパーにより作動できない範囲は可動範囲には含まれないものである。

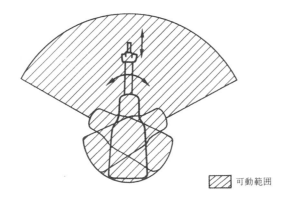

図 2-5　定置してあるものの可動範囲

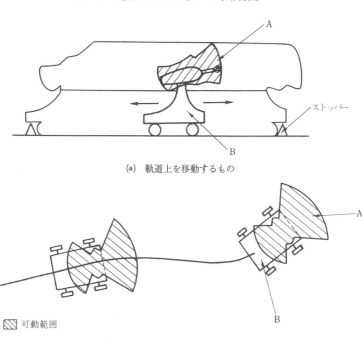

(a)　軌道上を移動するもの

(b)　不特定の場所を移動するもの

図 2-6　移動式の産業用ロボットで機体本体が人間の操作によって動くもの

（注）　Bの部分は産業用ロボットの記憶装置の情報に基づき動くこと
　　　　ができる部分でないので，産業用ロボットの「機体各部」に該当
　　　　しない。

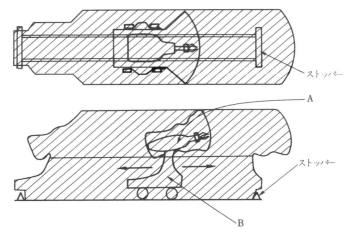

ストッパー

A

ストッパー

B

(a)　マニプレータを作動させながら軌道上を移動するもの

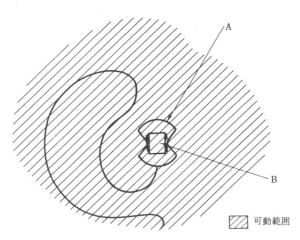

A

B

⊟ 可動範囲

(b)　マニプレータを作動させながら不特定の場所を移動するもの

図2-7　移動式の産業用ロボットで機体本体も記憶装置の情報に基づき移動するもの

（注）　Bの部分は，産業用ロボットの記憶装置の情報に基づき動くことができるので「機体各部」に該当する。この場合にはAとBの部分の動くことができるすべての範囲が可動範囲となる。

【関連通達】

「記憶装置の情報に基づきマニプレータその他の産業用ロボットの各部の動くことができる最大の範囲」(可動範囲)とは,産業用ロボットの各部(マニプレータの先端に取り付けた工具を含む。)が構造上動きうる最大の範囲をいい,ある特定の情報に基づき動きうる最大の範囲に限られるものではないこと。

ただし,この構造上動きうる最大の範囲内に電気的又は機械的ストッパーがある場合は当該ストッパーによりマニプレータその他の産業用ロボットの各部が作動できない範囲は除かれるものであること。

なお,産業用ロボット本体が移動しないもの又は人の操作により産業用ロボット本体が移動するもののうち代表的なものの「可動範囲」を図示すると図のようになること。

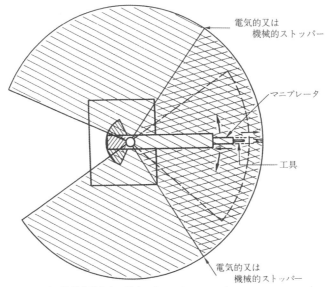

備考 1. ▨▨▨ は,構造上動きうる最大の範囲であって,電気的又は機械的ストッパーがない場合の「可動範囲」を示す。

2. ▧▧▧ は,電気的又は機械的ストッパーがある場合の「可動範囲」を示す。

3. ⌐‐‐‐┐ は,ある特定の情報に基づき動きうる最大の範囲を示す。

　また，記憶装置の情報に基づき産業用ロボット本体が動くことができるもののうち代表的なものの「可動範囲」を図示すると次の図のようになること。

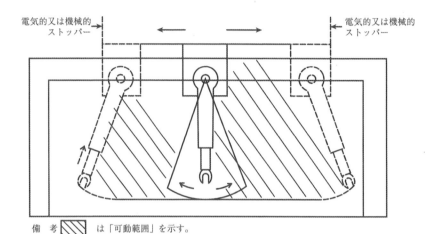

　　備　考 は「可動範囲」を示す。

（昭和58年6月28日基発第339号，改正平成25年12月24日基発1224第2号）

チ　可動範囲内において行う教示等の作業

　可動範囲内においてとは，作業を行う労働者の身体の全体が入っている場合だけではなく，体の一部（例えば，頭または手のみ）が可動範囲内に入った状態も含まれる。

【関連通達】

　「教示等」には，必要な機器を操作することによるマニプレータの動作の順序，位置又は速度の設定，変更又は確認が含まれること。

　「可動範囲（…………）内において当該産業用ロボットについて行う教示等」には，身体の一部が可動範囲内に入った状態で行う教示等も含まれること。

（昭和58年6月28日基発第339号，改正平成25年12月24日基発1224第2号）

リ　駆動源の遮断

　駆動源の遮断とは，記憶装置の情報に基づき動く部分（例えばマニプレータ）

と，その動力源（例えばモーター）とを切り離して，動力源の回転または圧力
が，記憶装置の情報に基づき動く部分に伝わらないようにすることをいう。
つまり，運転を停止することは動力源を停止させることになるので，もちろ
ん駆動源を遮断することに該当するが，運転中（制御回路が生きている場合）で
あっても，クラッチ等で，動力の伝達が切り離されている場合または，動力
源のスイッチのみが遮断されている場合も含まれる（**表 2-2**，**図 2-8** 参照）。

表 2-2　駆動源遮断の例

種　類 ＼ 駆動源の遮断の方法	運転を停止する	駆動用原動機を切る	動力伝達装置を切る
電　気　式	○運転を停止させるスイッチBを切る ○一次電源を切るスイッチAを切る	○モーターの電源を切るスイッチCを切る	○クラッチを切るDを切る
油　圧　式 空 気 圧 式	○運転を停止させるスイッチFを切る ○一次電源を切るスイッチEを切る	○モーターの電源を切るスイッチGを切る	○弁を閉じるHを切る

注1．　プレイバックロボットではダイレクトティーチングの運転モードにすると自動的に駆動
　　　源が遮断されるものがある。
　2．　産業用ロボットの分類は付録1参照。
　3．　スイッチA～Hは図2-8に示すものである。

　カム，歯車等の取り替えの作業を行う場合は（この場合は一種の改造であり，
頻度としてはほとんどない），「駆動源の遮断」よりも「運転の停止」をする
ことが望ましい。なお，クラッチを切りまたは，油圧・空気圧の弁を閉じ
た場合であっても，制御装置からの指令により自動的に，クラッチが入る状
態になっている場合は，本号にいう駆動源を遮断して行うことにはならない。
　またプレイバックロボットの場合，運転中に「駆動源を遮断して行うもの」
の例としては，教示を行う作業者が，産業用ロボットの先端を持って行う教
示，いわゆる直接教示（ダイレクト・ティーチング）がある。通常プレイバッ
クロボットの場合，ダイレクト・ティーチングのモードへ設定した場合，駆
動源が遮断される。

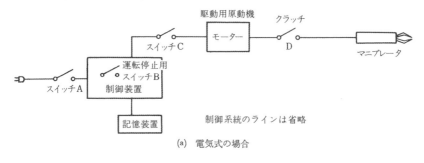

(a)　電気式の場合

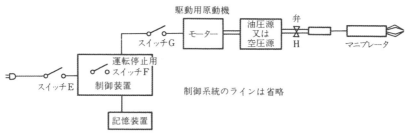

(b)　油圧式または空気圧式の場合

(注)　各スイッチ，クラッチ等は，人の操作の介入なしに入らないようになっていなければ駆動源
　　　遮断とはいえない。

図2-8　動力伝達の例および駆動源遮断の方法

　なお，プレイバックロボットにおいて，このロボットをダイレクト・ティ
ーチングのモードに設定した場合，制御装置は書き込み状態になっており，
記憶装置の情報が出力されて，マニプレータその他の産業用ロボットの各部
が自動的に動くことはない。そのため，ダイレクト・ティーチングのモード
が確保されていれば，駆動源がつながることはなく，安全な状態で教示作業
を行えるため，特別教育等の義務付けはしていない。また，ダイレクト・テ
ィーチング・モードにより教示を行っているときに，誤ってモードが自動運
転等に切り替えられないための安全確保は第150条の3第3号で，担保され
ている。

【関連通達】

　「産業用ロボットの駆動源を遮断」とは，マニプレータその他の産業用ロ

ボットの各部のうち，記憶装置の情報に基づき動く部分とその動力源とを遮断することをいい，運転を停止する（動力源を停止する）ことのほか，運転中に動力伝達装置を遮断することも含まれること。なお運転中に「駆動源を遮断して行うもの」の例としては，作業者が産業用ロボットの先端部を持っていわゆる直接教示を行う場合があること。

（昭和58年6月28日基発第339号，改正平成25年12月24日基発1224第2号）

　ヌ　当該教示等に係る機器の操作

【関連通達】

　「当該教示等に係る機器の操作」とは，産業用ロボットの可動範囲内において教示等の作業を行う労働者と連絡をとりながら，マニプレータの動作の順序，位置又は，速度の設定，変更又は確認を行うために産業用ロボットの操作盤のスイッチを操作することをいうこと。

（昭和58年6月28日基発第339号，改正平成25年12月24日基発1224第2号）

> **第36条**
> 　**第32号**　産業用ロボットの可動範囲内において行う当該産業用ロボットの検査，修理若しくは調整（教示等に該当するものを除く。）若しくはこれらの結果の確認（以下この号において「検査等」という。）（産業用ロボットの運転中に行うものに限る。以下この号において同じ。）又は産業用ロボットの可動範囲内において当該産業用ロボットの検査等を行う労働者と共同して当該産業用ロボットの可動範囲外において行う当該検査等に係る機器の操作の業務

【解　説】

　産業用ロボットの検査等は第150条の5に規定されているように，その運転を停止して行うのが原則であるが，本号は，産業用ロボットの運転中にその可動範囲内において検査等の作業を行う必要がある場合には，産業用ロボットの不意の作動，誤操作等による労働災害の発生を防止するため，当該作業を行う労働者が産業用ロボットについての適正な知識と技能を有することが必要であることから，これらの者に対して特別教育を行わなければならな

いこととしたものである。

　また，産業用ロボットの運転中にその可動範囲内において検査等の作業を行う労働者と連絡をとりながら，別の労働者が産業用ロボットの可動範囲外において産業用ロボットの操作盤のスイッチを操作して，マニプレータ等を作動させるときは，後者の誤操作により前者に危険を及ぼすおそれがあることから，後者に対しても特別教育を行い，産業用ロボットについての適正な知識と技能を身につけさせることとしたものである。

　なお，検査，修理または調整の作業後に行うこれらの結果の確認も検査，修理または調整と一連の作業であるとともに，産業用ロボットの可動範囲内で当該確認を行う場合には，検査，修理または調整を行うときと同様の危険性があることから，これも本号の「検査等」に含め，特別教育を必要とすることとしたものである。

　産業用ロボットの掃除および給油の業務については，産業用ロボットに限らず，機械一般に共通することであり，その内容からみて，雇入れ時または作業内容変更時に義務付けられた安全衛生教育（規則第35条）で安全を確保するための教育上の要件は十分周知されていると考えられるので，掃除と給油の作業について，特別教育は必要としないとしたものである。

【用語の意味】

　イ　可動範囲内において行う検査等の作業

　可動範囲内においてとは，作業を行う労働者の身体の全体が入っている場合だけではなく，体の一部（例えば，頭または手のみ）が可動範囲内に入った状態も含まれる。

　また，産業用ロボットの自動運転中，なんらかの原因で，産業用ロボットが静止し続けこの原因を検査するため産業用ロボットの可動範囲に入る場合は，たとえこの者が特別教育を受けた者であっても，運転の停止操作を確実に行い，表示をしてから立ち入ることが原則である。しかし検査の性質上運転を停止することができない場合は，特別教育を受けた者以外は立ち入れないことは当然のことである。

【関 連 通 達】

「可動範囲内において行う当該産業用ロボットの検査等」には，身体の一部が可動範囲内に入った状態で行う検査等も含まれること。

（昭和58年6月28日基発第339号，改正平成25年12月24日基発1224第2号）

ロ　運転中に行う検査等の作業

検査等に運転中に行う作業の部分があれば，運転を行う時間が全体の検査等の時間に占める割合には関係なく，この部分の作業を行う労働者が対象となる。なお，検査等の作業に，運転して行う部分と停止して行う部分とがあり，それぞれ作業者が異なる場合には，可動範囲内で運転して作業を行う労働者について，特別教育の義務が生じる。

ハ　運転中

産業用ロボットには，運転モードが複数あるものがある。特にプレイバック型のロボットにおいては，運転のモードは複数になるものが多い。そのため，いかなる運転モードにあろうとも本規則においては，記憶装置の情報に基づき，動く部分の原動機または制御装置のどちらか一方でも働いていれば運転中に該当する。

また，産業用ロボットが，プログラムにより，または，関連する機械等（産業用ロボットと連動して使用される機械，例えば動力プレス機械）からの信号待ちにより，静止しつづけている状態は，人の操作の介入なしに動き始める可能性があるので，運転中に当たるものである。

なお，「駆動源の遮断」と「運転の停止」の違いは第31号の説明で述べたとおりである。

【関 連 通 達】

「運転中」とは，起動操作を行った時から停止操作を行う時までをいい，自動運転により産業用ロボットが実際に作動している状態のほか，プログラムにより，又は関連する機械等からの信号待ちにより産業用ロボットが静止している状態も含まれること。

（昭和58年6月28日基発第339号，改正平成25年12月24日基発1224第2号）

二　当該検査等に係る機器の操作

【関連通達】

　「当該検査等に係る機器の操作」とは，産業用ロボットの運転中にその可動範囲内において検査等の作業を行う労働者と連絡をとりながら，産業用ロボットの検査，修理もしくは調整又はこれらの結果の確認を行うために産業用ロボットの操作盤のスイッチを操作することをいうこと。

（昭和58年 6 月28日基発第339号，改正平成25年12月24日基発1224第 2 号）

(2)　機械による危険の防止の一般基準
（第107条，第108条）

第107条　事業者は，機械（刃部を除く。）の掃除，給油，検査，修理又は調整の作業を行う場合において，労働者に危険を及ぼすおそれのあるときは，機械の運転を停止しなければならない。ただし，機械の運転中に作業を行わなければならない場合において，危険な箇所に覆いを設ける等の措置を講じたときは，この限りでない。

②　事業者は，前項の規定により機械の運転を停止したときは，当該機械の起動装置に錠をかけ，当該機械の起動装置に表示板を取り付ける等同項の作業に従事する労働者以外の者が当該機械を運転することを防止するための措置を講じなければならない。

第108条　事業者は，機械の刃部のそうじ，検査，修理，取替え又は調整の作業を行なうときは，機械の運転を停止しなければならない。ただし，機械の構造上労働者に危険を及ぼすおそれのないときは，この限りでない。

②　事業者は，前項の規定により機械の運転を停止したときは，当該機械の起動装置に錠をかけ，当該機械の起動装置に表示板を取り付ける等同項の作業に従事する労働者以外の者が当該機械を運転することを防止するための措置を講じなければならない。

③　事業者は，運転中の機械の刃部において切粉払いをし，又は切削剤を使用するときは，労働者にブラシその他の適当な用具を使用させなければならない。

④　労働者は，前項の用具の使用を命じられたときは，これを使用しなければならない。

【解　説】

　機械の掃除，給油，検査，修理または調整の作業を行う場合は，当該機械の運転を停止させて行うこととされている。この間，当該作業に従事している労働者以外の者が誤ってスイッチを投入しないための措置としては，当該機械の起動装置に錠をかけ，または表示板を取り付けるだけでなく，監視人の配置，作業者に安全プラグを携帯させること等も有効な措置と考えられる。また，産業用ロボットにおいても出入口に安全プラグを備えたものが多く出てきている。このため，産業用ロボットに関する規則（労働安全衛生規則第150条の5第3号）においても，「作業中である旨を表示する等」として「等」により安全プラグの携帯等も認めている。

【関 連 通 達】

第1項関係

　ア　第1項の「調整」の作業には，原材料が目詰まりした場合の原材料の除去や異物の除去等，機械の運転中に発生する不具合を解消するための一時的な作業や機械の設定のための作業が含まれること。

　イ　第1項ただし書の「覆いを設ける等」の「等」には，次の全ての機能を備えたモードを使用することが含まれること。なお，このモードは「機械の包括的な安全基準に関する指針」（平成19年7月31日付け基発第0731001号）の別表第2の14(3)イに示されたものであること。

　　①　選択したモード以外の運転モードが作動しないこと。

　　②　危険性のある運動部分は，イネーブル装置，ホールド・ツゥ・ラン制御装置又は両手操作式制御装置の操作を続けることによってのみ動作できること。

　　③　動作を連続して行う必要がある場合，危険性のある運動部分の動作は，低速度動作，低駆動力動作，寸動動作又は段階的な操作による動作とすること。

（平成25年4月12日基発0412第13号）

第2項関係

「当該機械の起動装置に表示板を取り付ける等」の「等」には次の措置が含まれること。

(イ)　作業者に安全プラグを携帯させること。

(ロ)　監視人を配置し，作業を行っている間当該機械の起動装置を操作させないように措置を講じること。

(ハ)　当該機械の起動装置の操作盤全体に錠をかけること。

（昭和58年6月28日基発第339号，改正平成25年12月24日基発1224第2号）

(3)　産業用ロボットの安全基準
（第150条の3〜第151条）

第9節　産業用ロボット

────（教示等）────

第150条の3　事業者は，産業用ロボットの可動範囲内において当該産業用ロボットについて教示等の作業を行うときは，当該産業用ロボットの不意の作動による危険又は当該産業用ロボットの誤操作による危険を防止するため，次の措置を講じなければならない。ただし，第1号及び第2号の措置については，産業用ロボットの駆動源を遮断して作業を行うときは，この限りでない。

1　次の事項について規程を定め，これにより作業を行わせること。

　イ　産業用ロボットの操作の方法及び手順

　ロ　作業中のマニプレータの速度

　ハ　複数の労働者に作業を行わせる場合における合図の方法

　ニ　異常時における措置

　ホ　異常時に産業用ロボットの運転を停止した後，これを再起動させるときの措置

　ヘ　その他産業用ロボットの不意の作動による危険又は産業用ロボットの誤操作による危険を防止するために必要な措置

2　作業に従事している労働者又は当該労働者を監視する者が異常時に直ちに

　産業用ロボットの運転を停止することができるようにするための措置を講ずること。

　3　作業を行つている間産業用ロボットの起動スイッチ等に作業中である旨を表示する等作業に従事している労働者以外の者が当該起動スイッチ等を操作することを防止するための措置を講ずること。

【解　説】

　産業用ロボットの可動範囲内において行われる教示等の作業には，産業用ロボットの不意の作動，作業者の誤操作等により，労働者がマニプレータに激突されたり，マニプレータと機械との間にはさまれたりする災害が発生する危険性がある。本条は，このような災害を防止するために講じなければならない措置を規定したものである。

　可動範囲内において行う作業であっても，駆動源を遮断し，産業用ロボットが動力により作動しない状態で行う場合は，本条第3号の措置を講じて動力により産業用ロボットが作動しない状態を確実なものとすれば，前述の危険性を回避することができると考えられるので，第1号及び第2号の措置を要しないこととしたものである。

【関 連 通 達】

　「産業用ロボットの駆動源を遮断」の意義は，第36条第31号の「産業用ロボットの駆動源を遮断」の意義と同様であること。

（昭和58年6月28日基発第339号，改正平成25年12月24日基発1224第2号）

【関連規則等】

　「産業用ロボットの可動範囲」の定義：規則第36条第31号

　「教示等」の定義：規則第36条第31号

1．第1号関係

【解　説】

　現在，産業用ロボットには多くの種類があり，その用途も多岐にわたっている。また，これからの産業用ロボットの発展を考えあわせた場合，作業方

法等を画一的に規定するのは適切ではない。むしろ，産業用ロボットの種類，関連する機械等との連動の状況，教示等の内容等の実態に即して教示等の作業に関して，当該事業場の実態に応じたきめの細かい規程を作成し，これに基づき作業を行わせることとすることが，災害防止上有効であるといえる。このような観点から作業規程の作成が規定されたものであるから，作業規程の作成に際しては関係労働者の意見を取り入れることはもちろんのことメーカーの技術者，安全コンサルタント等の活用を図る等によりできる限り実効のある規程とするように努めなければならない。

　規程に盛り込むべき事項の主なものは第1号のイ－ヘに規定されており，その具体的項目が次の関連通達の(2)－(7)に示されている。これらは例示であって，作業内容によってはこの他にも必要事項を加えて定めるべきである。

　例えば，第1号ヘとしては関連通達の(7)の事項のほか，可動範囲内でマニプレータの操作を行う者が，マニプレータの先端にのみ関心が集まり，全体の作動状態を把握できない場合などに監視人を配置することが望ましいが，この場合の監視人の位置，監視人の行うべき事項等については作業規程において明確に定めておく必要がある。

【関連通達】

(1) 「規程」に定めるべき内容が同一であれば，複数の産業用ロボットについて共通の「規程」を定めても差し支えないこと。

(2) 第1号イは，主として産業用ロボットの誤操作による危険を防止する趣旨から規定したものであること。

　　なお，「操作の方法及び手順」には，起動の方法，操作スイッチの取扱い，教示の方法，確認の方法及びこれらの手順が含まれること。

(3) 第1号ロの「作業中のマニプレータの速度」は，不意の作動等による危険を防止する上で，できるだけ遅くすることが望ましいものであり，速度の切替えができるものにあっては教示等の内容等の実態に即して適切な速度を定める必要があること。

(4) 第1号ハは，複数の労働者が教示等の作業を行う場合には，特に連

絡・調整が正確に行われることが必要であることから規定したものであること。

(5) 第1号ニの「異常時における措置」には次の事項が含まれること。

　イ　非常停止を行うための方法

　ロ　産業用ロボットの非常停止を行ったとき，併せて，関連する機械等を停止させる方法

　ハ　電圧，空気圧，油圧等が変動したときの措置

　ニ　非常停止装置が機能しなかった場合の措置

(6) 第1号ホの措置には可動範囲内において教示作業を行う者の安全の確認及び異常事態の解除の確認が含まれること。

　なお，関連機械等が産業用ロボットのスイッチ等と連動されている場合には，当該機械等による危険についても配慮すること。

(7) 第1号への「措置」には，次の事項が含まれること。

　イ　第3号の措置

　ロ　教示等の作業を行う場合の位置，姿勢等

　ハ　ノイズの防止方法

　ニ　関連機械等の操作者との合図の方法

（昭和58年6月28日基発第339号，改正平成25年12月24日基発1224第2号）

2．第2号関係

【解　説】

　産業用ロボットの信頼性が高まっているとはいえ，誤動作・暴走等が絶無であるとはいえない。また操作者のミス，作業者間の連絡の不徹底等により産業用ロボットが可動範囲内で作業を行う者の予測と異なった動作を行う危険性もある。本条は，このような場合に，直ちに産業用ロボットを停止することができるようにするための措置を講ずべきことを規定したものである。この措置の具体的な例は次の関連通達に示されているが，産業用ロボットの動きが比較的速い場合や教示を行う労働者が関心をマニプレータの先端に向

けなければならないためマニプレータ全体の動きを知覚しにくい場合などは産業用ロボットの異常を認識した時点で産業用ロボットを停止させ，災害を未然に防ぐことは困難な場合がある。したがって，より早期に異常を察知するという観点からも教示等の作業は，作業の内容に熟知した監視人の下で行われることが望ましい。

　図 2-9に教示等を行う者が用いる緊急停止スイッチが備えられた操作盤の例を示す。

非常停止ボタン

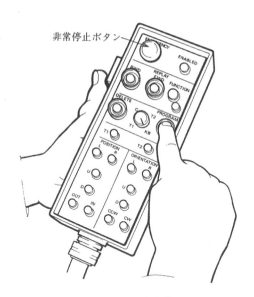

図 2-9　可搬型操作盤の例

（非常停止以外の機能選択ボタンには，不用意にボタンが押されることを防止するため囲いがある。）
出典：THE MACHINE TOOL TRADES
ASSOCIATION（MTTA）より

【関連通達】

第2号の措置には次の措置があること。

イ 作業に従事している労働者に，異常時に直ちに産業用ロボットの運転を停止することができる構造のスイッチを保持させること。

ロ 作業に従事している労働者がスイッチを押している間だけ産業用ロボットが作動し，手を離すと直ちに停止する機能を有する可搬式操作盤により作業を行わせること。

ハ 教示等の作業に従事している労働者を監視する者に，常に当該労働者を監視させるとともに，異常時に直ちに産業用ロボットの運転を停止することができる構造のスイッチを当該監視する者がその場で操作できる位置に備えること。

（昭和58年6月28日基発第339号，改正平成25年12月24日基発1224第2号）

3. 第3号関係

【解 説】

本号は，教示等の作業を行っている際に，当該作業に従事している労働者以外の者が，当該産業用ロボットの操作スイッチを操作し，産業用ロボットが，教示作業に従事している者が予測していない動作をすることによって生じる労働災害を防止することを目的としたものである。

【関 連 通 達】

(1) 第3号の「産業用ロボットの起動スイッチ等」の「等」には，産業用ロボットの運転状態を切り替えるためのスイッチが含まれること。

(2) 第3号の「作業中である旨を表示する」には表示板に表示すること又はランプを点燈させることにより作業中であることを明らかにすることがあること。

(3) 第3号の「作業中である旨を表示する等」の「等」には，次の措置が含まれること。

イ 監視人を配置し，作業を行っている間産業用ロボットの起動スイッ

チ等を操作させないようにすること。

　ロ　産業用ロボットの起動スイッチ等の操作盤全体に錠をかけること。

（昭和58年6月28日基発第339号，改正平成25年12月24日基発1224第2号）

（運転中の危険の防止）

第150条の4　事業者は，産業用ロボットを運転する場合（教示等のために産業用ロボットを運転する場合及び産業用ロボットの運転中に次条に規定する作業を行わなければならない場合において産業用ロボットを運転するときを除く。）において，当該産業用ロボットに接触することにより労働者に危険が生ずるおそれのあるときは，さく又は囲いを設ける等当該危険を防止するために必要な措置を講じなければならない。

【解　説】

　本条は，運転中の産業用ロボットに接触する危険を防止するために必要な措置を講ずべきことを規定したものである。労働者が産業用ロボットの可動範囲に立ち入らなければ，接触による災害が発生しないことは自明のことであるから，本条の「当該危険を防止するために必要な措置」の主旨に最も合致する措置は，可動範囲内への立入禁止措置である。この立入禁止措置の具体的な手法として「さく又は囲いを設ける」ことが示されているのである。

　また，「さく又は囲い」を設けることによる立入禁止措置を行わなくとも，可動範囲内に人が立ち入ったときに産業用ロボットの運転が自動的に停止するような措置を講じた場合や産業用ロボットの作動部分が作動中に作動方向の障害物を知覚して自動的に運転を停止する場合等は，接触による災害を防止するために必要な措置を講じたこととなるといえる。このような「さく又は囲い」を設けることによる立入禁止措置に代替できる安全装置は開発されており，産業用ロボット自体の今後の発展に伴い新たな安全装置の開発も予測される。このため，「立入禁止としなければならない。」としなかったものである。

　つまり，本条の主旨は，「当該危険を防止するために必要な措置を講じなければならない」ことにあり，そのための手法に「さく又は囲い」を設ける

こと等による立入禁止の措置または，可動範囲内に労働者が立ち入ったとき運転が自動的に停止する安全装置を設けることによる産業用ロボットとの接触防止の措置があるものである。

　上半身が容易に可動範囲内に入ったり，跨いだりできるような低いさく又は囲いを単に設けた場合，ロープ，鎖等にたるみがあったり，その支柱が容易に動かせるものである場合は本条の主旨から適切なものとはいえない。

　なお，さく等に出入口が設けられている場合には，当該出入口には，インターロック機能を備えた扉等を設け，立入禁止の表示を行うとともにその徹底を図り，または関連通達の(3)のイ（57ページ）に掲げられた措置を講じなければ，本条の措置を講じたこととならないのは当然のことである。

　本条の措置を講じるための手法の例が次の関連通達の(3)に示されているが，現在の産業用ロボットの導入の目的の１つが省力化であることを考えると，ハの監視人およびこのモニターTVを通じた監視人の配置は，恒常的に産業用ロボットが運転されている工場等では現実的な措置とはいえず，臨時に産業用ロボットを設置した場合や建設現場で労働者の代替に産業用ロボットを用いる場合等の例外的な措置である。

　図 2-10 〜図 2-12に措置の例を示す。

　本条の規定によって設けた「さく又は囲い」は，規則第28条の安全装置等に含まれるものであるから有効な状態で使用されるように点検および整備を行わなければならない。さらに，労働者は規則第29条第１項各号の事項を守らなければならない。

　また関連通達の(3)ホは，本条の規定において，産業用ロボットと人との協働作業が可能か否かについて明確でなかったことから，平成25年に関連通達が改正され，産業用ロボットと人との協働作業が可能となる安全基準を明確化したものである。

　具体的には，リスクアセスメントに基づく措置を実施し，産業用ロボットに接触することにより労働者に危険の生ずるおそれがなくなったと評価できるときは，本条の「労働者に危険が生ずるおそれのあるとき」に該当せず，

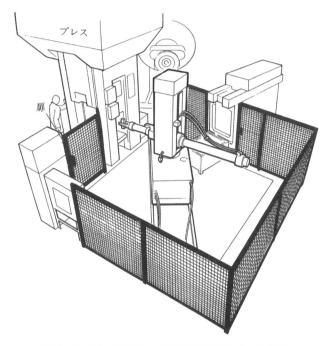

図 2-10　プレス機械への材料搬出入ロボットの例
固定されたフェンスとインターロックされた扉とで囲われている。
出典：ＭＴＴＡ

協働作業が可能となる。リスクアセスメントは「危険性又は有害性等の調査等に関する指針」（付録７参照。以下「指針」という。）に基づき実施し，評価結果を記録・保管しなければならない。また，指針の９の(3)前段アの「はさまれ，墜落等の物理的な作用」の危険性による負傷の重篤度及びそれらが発生する可能性の度合の見積りに当たっては，留意すべき事項が関連通達の(2)のイ〜ハに示されている。

　指針の運用に当たっては，「危険性又は有害性等の調査等に関する指針について」（平成18年３月10日付け基発第0310001号）及び「機械の包括的な安全基準に関する指針」（付録８参照）に留意する必要がある。

　関連通達の(2)のイの力及び運動エネルギーについては，国際標準化機構(以

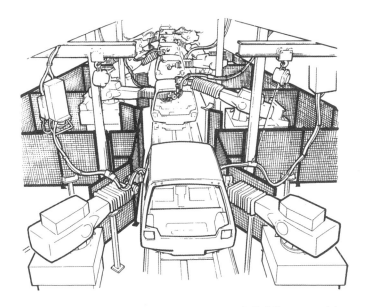

図 2-11　多数のロボットが使用されている自動溶接ラインの例
ロボットは１台ごとに固定されたフェンスとインターロック付きの扉とで囲われている。
出典：ＭＴＴＡ

下「ISO」という。）の産業用ロボットの規格の技術仕様書（TS15066附属書A）において，接触しても人に危害を加えないと判断される生物力学的限界値が示されており，制御によらず構造的に，当該数値以下となることが担保される場合，イの観点で危険の生ずるおそれが無いと判断できる一例となる。

　関連通達の(2)のロについて，マニプレータ等と周辺構造物との間隔を500mm 以上とするか，または人体がマニプレータ等と周辺構造物の間に拘束された場合，駆動用動力なしで人力で開放できる場合は，ロの観点で危険の生ずるおそれが無いと判断できる一例となる。

【関 連 通 達】

(1)　教示等のため産業用ロボットを運転する場合及び産業用ロボットの運転中に第150条の５に規定する作業を行わなければならない場合において産業用ロボットを運転するときは本条の措置を講ずる必要がないこと

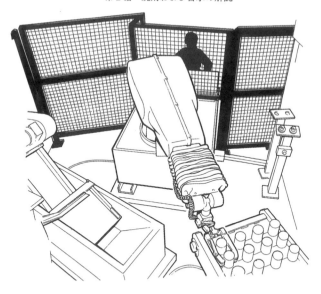

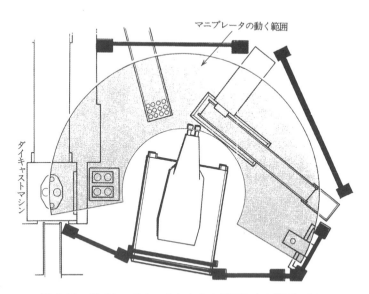

図 2-12　ダイキャストマシンからの製品取出し装置の例

ダイキャストマシン等の機械が囲いの一部を形成している。
出典：MTTA

としたのは，作業の性質上，産業用ロボットを運転しながら当該産業用
ロボットの可動範囲内においてこれらの作業を行わなければならない場
合があり，それぞれ第150条の3及び第150条の5により必要な措置を講
ずべきこととされていることによること。

(2) 産業用ロボットを使用する事業者が，労働安全衛生法第28条の2によ
る危険性等の調査（以下「リスクアセスメント」という。）に基づく措
置を実施し，産業用ロボットに接触することにより労働者に危険の生ず
るおそれが無くなったと評価できるときは，本条の「労働者に危険が生
ずるおそれのあるとき」に該当しないものとすること。評価結果は，「危
険性又は有害性等の調査等に関する指針」（平成18年3月10日付け指針
公示第1号。以下「指針」という。）に基づき記録し，保管するものと
すること。

　なお，リスクアセスメントは指針に基づき実施するとともに，指針の
9(3)前段アの「はさまれ，墜落等の物理的な作用」の危険性による負傷
の重篤度及びそれらが発生する可能性の度合の見積りに当たっては，特
に以下の事項に留意するものとすること。

イ　産業用ロボットのマニプレータ等の力及び運動エネルギー

ロ　産業用ロボットのマニプレータ等と周辺構造物に拘束される可能性

ハ　マニプレータ等の形状や作業の状況（突起のあるマニプレータ等が
　　眼などに激突するおそれがある場合，マニプレータ等の一部が鋭利で
　　ある場合，関節のある産業用ロボットのマニプレータ間に挟まれる可
　　能性がある場合等）

(3) 「さく又は囲いを設ける等」の「等」には，次の措置が含まれること。

イ　産業用ロボットの可動範囲に労働者が接近したことを検知し，検知
　　後直ちに産業用ロボットの作動を停止させ，かつ，再起動の操作をし
　　なければ当該産業用ロボットが作動しない機能を有する光線式安全装
　　置，超音波センサー等を利用した安全装置，安全マット（マットスイ
　　ッチ）等を備えること。

　ロ　産業用ロボットの可動範囲の外側にロープ，鎖等を張り，見やすい
　　　位置に「運転中立入禁止」の表示を行い，かつ，労働者にその趣旨の
　　　徹底を図ること。
　ハ　監視人を配置し，産業用ロボットの可動範囲内に労働者を立ち入ら
　　　せないようにすること。
　ニ　視野が産業用ロボットの可動範囲の全域に及び，画像が鮮明であ
　　　り，かつ，労働者が産業用ロボットの可動範囲に接近したことを容易
　　　に判断できる機能を有する監視装置（モニターTV）を設置し，当該
　　　監視装置を通じて監視するものを配置するとともに，次のいずれかの
　　　措置を講ずること。
　　　㋑　マイク等で警告を発すること等により産業用ロボットの可動範囲
　　　　　内に労働者を立ち入らせないようにすること。
　　　㋺　労働者が産業用ロボットの可動範囲に接近したときは，当該監視
　　　　　する者が直ちに産業用ロボットの運転を停止することができるよう
　　　　　にすること。
　ホ　ISOによる産業用ロボットの規格（ISO 10218-1：2011及びISO
　　　10218-2：2011）によりそれぞれ設計，製造及び設置された産業用ロ
　　　ボット（産業用ロボットの設計者，製造者及び設置者がそれぞれ別紙
　　　に定める技術ファイル及び適合宣言書を作成しているものに限る。）
　　　を，その使用条件に基づき適切に使用すること。なお，ここでいう「設
　　　置者」とは，事業者（ユーザー），設置業者，製造者（メーカー）な
　　　どの者のうち，設置の安全条件に責任を持つ者が該当すること。

「別紙　技術ファイル及び適合宣言書の内容」
1　技術ファイルの内容
　(1)　機械の全般的説明
　(2)　機械の全体図，制御回路の図面及び機械の運転の理解に必要な関連す
　　　る記述と説明

(3) 機械が本質的な安全及び健康の要件に適合していることの確認に必要な，完全な詳細図面，付随する計算書，試験結果，証明書等

(4) 以下の内容を含む，リスクアセスメントを実施した手順を示す文書

　① 機械に適用される本質的な安全及び健康の要件のリスト

　② 同定された危険性又は有害性の除去又はリスクの低減のために実施された防護方策の説明及び該当する場合は機械に関連する残留リスクの明示

(5) 使用した規格及び他の技術仕様書，また，それらの規格等に含まれる本質的な安全及び健康の要件の説明

(6) 製造者又は製造者若しくは正式な代表者に選定された機関によって実施された試験の結果を示す技術報告書

(7) 機械の取扱説明書の写し

(8) 該当する場合は，組み込まれた部分完成機械の組込宣言書及び当該部分完成機械に関する組立て説明書

2　適合宣言書の内容

(1) 製造者の名称，住所及び正式な代表者の氏名

(2) 上記1の技術ファイルを編さんする権限を付与された者の名称及び住所

(3) 総称としての表示名，機能，モデル，型式，製造番号，商品名を含む機械の説明及び識別方法

(4) 機械が，適合性を宣言しようとする安全規格の全ての関連規定を満たしていることを明白に宣言する文書

(5) 該当する場合，その他使用された技術規格及び技術仕様書の参照

(6) 適合宣言を実施した場所及び日付

(7) 製造者又はその正式な代表者の代理として適合宣言書を作成した者及び署名

（昭和58年6月28日基発第339号，改正平成25年12月24日基発1224第2号）

【関 連 規 則】

「産業用ロボット」の定義：規則第36条第31号

（安全装置等の有効保持）

第28条 事業者は，法及びこれに基づく命令により設けた安全装置，覆い，囲い等（以下「安全装置等」という。）が有効な状態で使用されるようそれらの点検及び整備を行なわなければならない。

第29条 労働者は，安全装置等について，次の事項を守らなければならない。

 1 安全装置等を取りはずし，又はその機能を失わせないこと。

 2 臨時に安全装置等を取りはずし，又はその機能を失わせる必要があるときは，あらかじめ，事業者の許可を受けること。

 3 前号の許可を受けて安全装置等を取りはずし，又はその機能を失わせたときは，その必要がなくなった後，直ちにこれを原状に復しておくこと。

 4 安全装置等が取りはずされ，又はその機能を失つたことを発見したときは，すみやかに，その旨を事業者に申し出ること。

 ② 事業者は，労働者から前項第4号の規定による申出があつたときは，すみやかに，適当な措置を講じなければならない。

（検査等）

第150条の5 事業者は，産業用ロボットの可動範囲内において当該産業用ロボットの検査，修理，調整（教示等に該当するものを除く。），掃除若しくは給油又はこれらの結果の確認の作業を行うときは，当該産業用ロボットの運転を停止するとともに，当該作業を行つている間当該産業用ロボットの起動スイッチに錠をかけ，当該産業用ロボットの起動スイッチに作業中である旨を表示する等当該作業に従事している労働者以外の者が当該起動スイッチを操作することを防止するための措置を講じなければならない。ただし，産業用ロボットの運転中に作業を行わなければならない場合において，当該産業用ロボットの不意の作動による危険又は当該産業用ロボットの誤操作による危険を防止するため，次の措置を講じたときは，この限りでない。

 1 次の事項について規程を定め，これにより作業を行わせること。

  イ 産業用ロボットの操作の方法及び手順

  ロ 複数の労働者に作業を行わせる場合における合図の方法

  ハ 異常時における措置

  ニ 異常時に産業用ロボットの運転を停止した後，これを再起動させるときの措置

  ホ その他産業用ロボットの不意の作動による危険又は産業用ロボットの誤

> 操作による危険を防止するために必要な措置
>
> 2 作業に従事している労働者又は当該労働者を監視する者が異常時に直ちに産業用ロボットの運転を停止することができるようにするための措置を講ずること。
>
> 3 作業を行つている間産業用ロボットの運転状態を切り替えるためのスイッチ等に作業中である旨を表示する等作業に従事している労働者以外の者が当該スイッチ等を操作することを防止するための措置を講ずること。

【解 説】

本条は，産業用ロボットの可動範囲内において検査，修理，調整，掃除もしくは給油またはこれらの結果確認の作業を行うときは，原則として，産業用ロボットの運転を停止し，かつ，その停止の状態を確実に保持する措置を講じなければならないことを規定したものである。

第150条の3においては「駆動源を遮断」とされているのに対し，本条では「運転を停止」とされている。教示等の作業は，産業用ロボットの運転状態（モード）を「教示」に切替えて行われ，この状態においては，電源が投入されており，運転を停止したこととはならないが，産業用ロボットの作動が動力によってはなされないので，必ずしも「運転を停止」する必要がないことから，この差異が生じたのである。

産業用ロボットによる労働災害の例をみると，産業用ロボットの作動にちょっとした異常が生じたり，関連機器との連動に不都合が生じたりした場合に，運転中の産業用ロボットの可動範囲内に労働者が立ち入り，応急措置を講じた直後産業用ロボットが突然正常に再作動し，マニプレータ等にはさまれるという災害が多い。定期検査や本格的な修理を行うような場合には，特別教育を受けた検査等を専門とする者が行うことが多いので，必要な安全措置が十分とられることが期待できるが，自動運転中のちょっとしたトラブルに運転者または運転の監視人が対処するというような場合には，必要な安全対策がおざなりになる例が多い。このような場合における作業は，もちろん本条の検査等に該当するものであるから，産業用ロボットの運転を停止し，

かつ，必要な措置を講じなければ，産業用ロボットの可動範囲内に立ち入っ
てはならないものである。しかし，トラブルが発生した場合に運転者等が産
業用ロボットの運転を停止させてから産業用ロボットの可動範囲に立ち入る
こととされていても，これに100％の期待をかけるには，無理があることは
過去の災害事例が示すとおりである。したがって，前条の規定により設ける
さくまたは囲い等の入口に安全プラグ，光線式安全装置，安全マット等を設
置し，運転中の産業用ロボットの可動範囲内に人が立ち入ったときには，自
動的に運転が停止するような措置を講じておくことが望ましいのである。
　このように，検査等のために可動範囲内へ立ち入る場合は，運転を停止す
ることを原則とすることが第1の主旨であるが，補償回路のトリマー調整を
行うマニプレータの安全性の調整またはマニプレータの作動状況の確認等の
作業のように，産業用ロボットの運転中でなければ作業を行えないものもあ
る。このような作業を行う場合には，本条第1号から第3号までの措置を行
わなければならないとしたことが，本条の第2の主旨である。この場合も，
第150条の3と同様に，検査等の作業内容に応じて監視人の配置，その職
務，位置等について検討し，本条第1号のホとして規程に定めることが必要
である。

【関 連 通 達】

　(1)　本条は，産業用ロボットの可動範囲内において産業用ロボットの検査
　　　等の作業を行うときは，原則として運転を停止する等の措置を講じなけ
　　　ればならないこと，例外として運転中に作業を行わなければならないと
　　　きは，その作業の実態に即して，産業用ロボットの不意の作動による危
　　　険又は産業用ロボットの誤操作による危険を防止するために必要な措置
　　　を講じなければならないことを規定したものであること。

　(2)　本条の「運転を停止する」とは，一次電源を切ること，起動スイッチ
　　　を切ること等人が起動操作を行わない限り，産業用ロボットが静止し続
　　　ける状態にすることをいうこと。

　　　なお，産業用ロボットがプログラムにより静止の維持が命令されてい

る状態，関連する機械等からの信号待ちの状態等においては，産業用ロボットは，静止してはいるが「運転を停止」しているとはいえないこと。

(3)　本条の「作業中である旨を表示する等」の「等」の範囲は，第107条第2項及び第108条第2項の「当該機械の起動装置に表示板を取り付ける等」の「等」の範囲と同様であること。

【参考通達】

第107条第2項及び第108条第2項関係

「当該機械の起動装置に表示板を取り付ける等」の「等」には次の措置が含まれること。

イ　作業者に安全プラグを携帯させること。

ロ　監視人を配置し，作業を行っている間当該機械の起動装置を操作させないように措置を講じること。

ハ　当該機械の起動装置の操作盤全体に錠をかけること。

（昭和58年6月28日基発第339号，改正平成25年12月24日基発1224第2号）

(4)　第1号の趣旨等，第1号イの趣旨及び内容，第1号ロの趣旨，第1号ハの「異常時における措置」の内容，第1号ニの内容並びに第1号ホの「措置」の内容は，それぞれ第150条の3第1号への趣旨等第150条の3第1号イの趣旨及び内容，第150条の3第1号ハの趣旨，第150条の3第1号ニの「異常時における措置」の内容，第150条の3第1号ホの内容並びに第150条の3第1号への「措置」の内容と同様であること。

(5)　第2号の措置の内容は第150条の3第2号の措置の内容と同様であること。

(6)　第3号の「産業用ロボットの運転状態を切り替えるためのスイッチ等」の「等」には，産業用ロボットの停止スイッチが含まれること。

（昭和58年6月28日基発第339号，改正平成25年12月24日基発1224第2号）

【関連規則】

「産業用ロボットの可動範囲」の定義：規則第36条第31号

「検査等」の定義：規則第36条第32号

─────（点　検）─────
第151条　事業者は，産業用ロボットの可動範囲内において当該産業用ロボット
について教示等（産業用ロボットの駆動源を遮断して行うものを除く。）の作
業を行うときは，その作業を開始する前に，次の事項について点検し，異常を
認めたときは，直ちに補修その他必要な措置を講じなければならない。
1　外部電線の被覆又は外装の損傷の有無
2　マニプレータの作動の異常の有無
3　制動装置及び非常停止装置の機能

【解　説】

　産業用ロボットの可動範囲内において駆動源を遮断しないで行う教示の作
業は，産業用ロボットが異常作動を起こした場合には，教示を行う者がマニ
プレータに激突されたり，マニプレータと機械とにはさまれたりする災害が
発生する危険性はきわめて高い。作業開始前に，産業用ロボットの作動の状
態を確認することはきわめて重要である。異常作動の発生の予測は現段階で
は不可能であるが，少なくとも，異常作動に結びつく外部電線の被覆等の損
傷がないことを確認し，作業開始直前においてはマニプレータの作動に異常
がなく，万一の場合には非常停止装置が確実に作動することを確認すること
は，安全確保の観点からは，必要欠くべからざることといえる。

　本条第1号の点検は，産業用ロボットの運転を停止して行い，第2号およ
び第3号の点検は産業用ロボットの可動範囲外で行うことが望ましい。

　本条の点検は，教示等の作業に先立って行われるものであるから，点検実
施者，点検項目，点検方法，判定基準等については，これを事前に定め，第
150条の3の規定に基づき作成する規程のなかに盛り込んでおくことが望ま
しい。

【関連通達】

　(1)　本条は，産業用ロボットの可動範囲内において教示等の作業を行うと
　　きは産業用ロボットの異常作動による労働者の危険を防止するため，事
　　前に一定の事項について点検し，補修等必要な措置を講じなければなら
　　ないことを規定したものであること。

(2) 「産業用ロボットの駆動源を遮断」の意義は，第36条第31号の「産業用ロボットの駆動源を遮断」の意義と同様であること。

(3) 本条の規定による点検は，第36条第32号及び第150条の5の「検査」に該当すること。

（昭和58年6月28日基発第339号，改正平成25年12月24日基発1224第2号）

【関連規則】

「産業用ロボットの可動範囲」：規則第36条第31号

「教示等」の定義：規則第36条第31号

3. 告示の解説（産業用ロボットの範囲）

(1) 労働安全衛生規則第36条第31号＜産業用ロボットの範囲＞の規定に基づく厚生労働大臣が定める機械

> 労働安全衛生規則第36条第31号の規定に基づき，厚生労働大臣が定める機械を次のように定め，昭和58年7月1日から適用する。(昭和58年6月25日 労働省告示第51号，改正　平成12年12月25日 労働省告示120号)

【解　説】

「マニプレータ及び記憶装置を有し，記憶装置の情報に基づきマニプレータの伸縮，屈伸，上下移動，左右移動若しくは旋回の動作又はこれらの複合動作を自動的に行うことができる機械」に属するもののうち，本告示に定める機械は当該機械に接触することにより労働者に危険が生ずるおそれがない機械として産業用ロボットの規制から除外されたものである。

労働安全衛生規則第36条第31号の厚生労働大臣が定める機械は，次のとおりである。

> 1　定格出力（駆動用原動機を2以上有するものにあつては，それぞれの定格出力のうち最大のもの）が80ワット以下の駆動用原動機を有する機械

【解　説】

産業用ロボットの駆動機構は，原動機の回転力を減速歯車等により運動に変換する方式と油圧または空気圧としてアクチュエータにより運動に変換する方式の2種類に大別される。いずれも駆動用原動機として電動機を使用しており，この電動機の定格出力が80W以下のものを産業用ロボットとしないこととしたものである。

電動機の回転力を減速歯車により運動に変換する方式では1動作に1つの

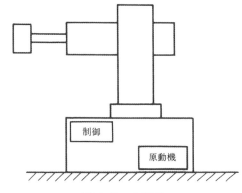

図 2-13　内蔵型

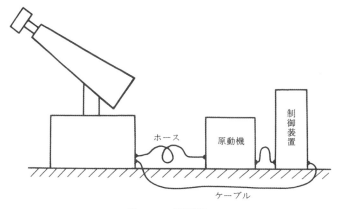

図 2-14　別置型

電動機を設けるのが普通であるが，油圧または空気圧方式のものにあって
は，電動機は次の方法で設置されているのが通常である。

① 本体内に内蔵する方法……図 2-13

② 本体とは別に，本体に近いところに置く方法……図 2-14

③ 単位工程もしくは工場規模の集中動力源として設置し，そこから供給
　　される方法……図 2-15

定格出力は，産業用ロボットの定格速度，力の関数として表されるもので
あり，80W以下であれば人間の特性を考慮し，マニプレータの動きに対し抗

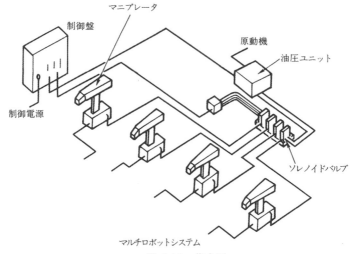

図 2-15　集中型

しきれるものと考えられたものである。ちなみに，80Wの産業用ロボットで
は機械効率が100%とすると，計算上は定格速度1 m/s において 8 kg の力を
出せることになる。

　2　固定シーケンス制御装置の情報に基づきマニプレータの伸縮，上下移動，左
　　右移動又は旋回の動作のうちいずれか1つの動作の単調な繰り返しを行う機械

【解　説】

　固定シーケンス制御装置の情報によりマニプレータが伸縮，上下移動，左
右移動または旋回の動作のうちいずれか1つの動作を行うとは，いわゆる自
由度1のみを有する機械をさすものであり，これが単調な繰り返し作業を行
うものを規制の対象から除いたものである。

　なお，マニプレータの定義でも明らかなように，メカニカルハンドを有す
るものにあっては，機械の性能等から自由度1を超えるので，この号に該当
するものはない。

　また単調な繰り返しとは，繰り返し周期，速度等が一定であることをいい，
図 2-16のような周期のものは単調な繰り返しとはいわないものである。

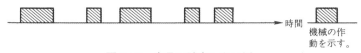

図 2-16　本号に該当しない例

　図 2-17はプレス加工工程において金型に付着するカスをエアー吹き付けにより除去するものでマニプレータの動作は伸縮のみしか行わないものであり，単調な繰り返しを行う場合は本号に該当する。

　ただし，A点に旋回の動作が加わればこの号に該当しないものであることはいうまでもない。

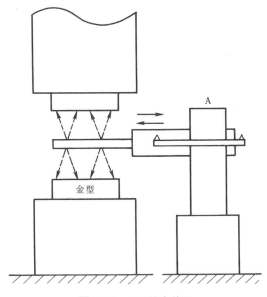

図 2-17　カス除去装置

　図 2-18はマニプレータの先端に吸着ハンドを固定し，ワークの機械への送り込みと取出し作業を行うものであるが，マニプレータ自体は旋回の１つの動作のみの単純な繰り返し作業しか行っていないかにみえるが，一般的に図 2-19で示すようにエンドでひっかからないようにわずかではあるが上下移動の動作を行っているので，本号に該当するものではない。

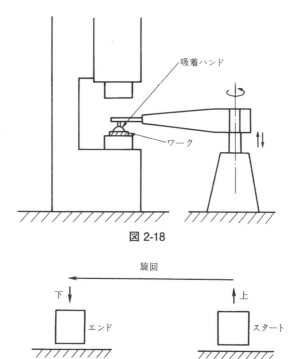

図 2-18

図 2-19　簡単なワークの搬送（本号に該当しない例）

　3　前二号に掲げる機械のほか，当該機械の構造，性能等からみて当該機械に接
　　触することによる労働者の危険が生ずるおそれがないと厚生労働省労働基準局
　　長が認めた機械

【解　説】

　産業用ロボットの技術は現在まだ開発途上にあるといえる。そのため，技
術は日進月歩しており，今後どのような形のロボットが開発されるか予測が
困難であり，現在あるロボットについてもより信頼のできる安全装置が組み
込まれることも考えられる。

　本号はこれらに迅速に対応するため労働省（現厚生労働省）労働基準局長

通達により適用除外の範囲を示すこととしたものであり，当面，可動範囲が小さいため，マニプレータにはさまれる危険性がきわめて少ないものおよび告示の第2号には該当しないが，これらと同等の安全性があると認められるものが昭和58年6月28日基発第340号通達により除外された。

1　**円筒座標型の機械（極座標型又は直交座標型に該当するものを除く。）で，その可動範囲が当該機械の旋回軸を中心軸とする半径300ミリメートル，長さ300ミリメートルの円筒内に収まるもの。**

図2-20は円筒座標型の機械の一例であるが，円筒座標型の機械は，伸縮，旋回および上下移動（マニプレータの取り付け状況によっては左右移動）の3つの動きを基本動作とし，これを組み合わせて動くものであり，この種のもので，可動範囲が**図2-21**に示されるものについては本号に該当するものである。

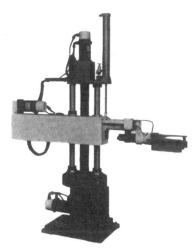

図 2-20　円筒座標型式

なお，この場合において，マニプレータは最大に伸ばした状態で判断されることは可動範囲の解説のところで示したとおりである。

また，多関節型の機械（付録1の1 産業用ロボットの種類参照）であっても，円筒座標系となるものは，この型の機械に含める。以下極座標型および直交座標型の機械についても同様とする。

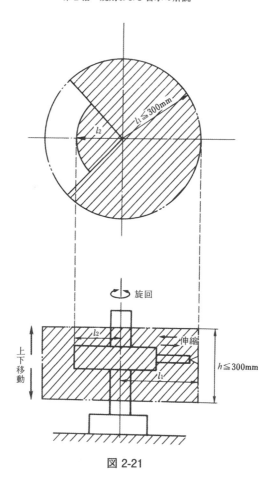

図 2-21

2　極座標型の機械（円筒座標型又は直交座標型に該当するものを除く。）で，
その可動範囲が当該機械の旋回の中心を中心とする半径300ミリメートルの球
内に収まるもの。

図 2-22 は極座標型機械の一例である。図に示すように，極座標型の機械
は，水平方向の旋回，上下方向の旋回（マニプレータの起伏）およびマニプ
レータの伸縮（屈伸の場合もある）の3つの動きを基本動作とし，これを組
み合わせて動くものであり，この種のもので，可動範囲が図 2-23 に示され

図 2-22　極座標型式

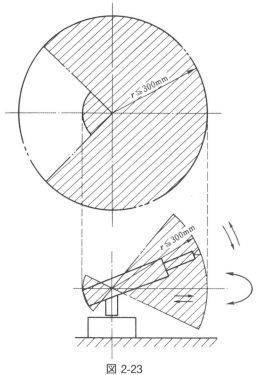

図 2-23

図 2-24　直交座標型式

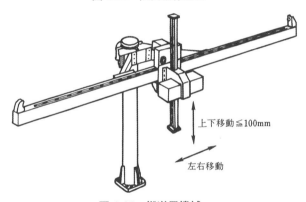

上下移動≦100mm

左右移動

図 2-25　搬送用機械

るものについては本号に該当するものである。

　3　直交座標型の機械（円筒座標型又は極座標型に該当するものを除く。）で，
次のいずれかに該当するもの。

　⑷　マニプレータの先端が移動できる最大の距離が，いずれの方向にも300ミ
リメートル以下のものであること。

　図 2-24 は直交座標型機械の一例である。

　図 2-24 に示すように，直交座標型の機械は，左右方向，前後方向および
上下方向の互いに直交した3つの動き（X，Y，Z軸の方向の動き）を基本動

作とし，これを組み合わせて動くものである。その動く距離の最大値がX，Y，Z軸のいずれの方向についても300ミリメートル以下のものは本号に該当するものである。

なお，X軸とY軸，X軸とZ軸あるいはY軸とZ軸の2方向の組合せの場合も本号にいう直交座標型の機械である。

　㈥　固定シーケンス制御装置の情報に基づき作動する搬送用機械で，マニプレータが左右移動及び上下移動の動作のみを行い，マニプレータが上下に移動できる最大の距離が100ミリメートル以下のものであること。

図 2-25 固定シーケンス制御方式による直交座標型の搬送用の機械で本号に該当するものの一例である。

この場合，図のマニプレータが上下方向に移動できる最大の距離は100ミリメートル以下のものであるとされている。

　4　円筒座標型，極座標型及び直交座標型のうちいずれか2以上の型に該当する機械にあっては，上記1から3までに規定する要件のうち該当する型に係る要件に全て適合するもの。

図 2-26は円筒座標型と極座標型を組み合わせた機械の一例で，図 2-26に示すように可動範囲が半径300mm，高さ（長さ）が300mm 未満の円筒内に

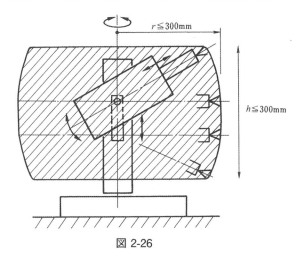

図 2-26

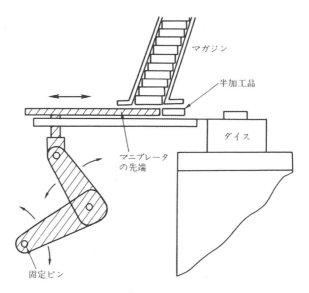

図 2-27　プッシャーフィード

収まるものをいうものである。

　5　マニプレータの先端部が，直線運動の単調な繰り返しのみを行う機械（昭
　　和58年労働省告示第51号本則第2号に該当するものを除く。）。

　本号はマニプレータの先端部の動きに着目し，その動きが直線運動の単調
な繰り返しを行うものについて産業用ロボットとしての規制の対象から除く
こととされたものである。図2-27 はその一例であり，プレス機械の金型へ
マガジンに収納した半加工品等を自動的に送り込む装置（プッシャーフィー
ド）を示すものである。

付　録

付録1　産業用ロボットに関する知識

1.　産業用ロボットの種類（JIS B 0134-2015）

(1)　機械構造の形式による分類

用語	定義
直角座標ロボット	腕に三つの直進ジョイントをもち，それらの軸が直角座標系に一致するロボット。
円筒座標ロボット	腕に少なくとも一つの回転ジョイントと一つの直進ジョイントとをもち，それらの軸が円筒座標系を構成するロボット。
極座標ロボット	腕に二つの回転ジョイントと一つの直進ジョイントとをもち，それらの軸が極座標系を構成するロボット。
振り子ロボット	ユニバーサルジョイントで旋回する部分を含む極座標ロボット。
多関節ロボット	腕に三つ以上の回転ジョイントをもつロボット。
スカラロボット	二つの平行な回転ジョイントをもち，選択された平面内にコンプライアンスを構成するロボット。
スパインロボット	腕が二つ以上の球ジョイントで構成するロボット。
パラレルロボット，並行リンクロボット	腕に閉ループ構造を構成するリンクをもつロボット。

(2)　制御方式による分類

用語	定義
オフラインプログラミング	タスクプログラムをロボットとは別の装置の上で作成し，その後にロボットに格納するプログラミング方法。
軌道制御	CP制御で，速度パターンをプログラムできるもの。
プレイバック運転	ロボットに，教示プログラミングによって格納したタスクプログラムを繰り返し実行させる運転方法。
感覚制御	ロボットの運動又は力が外界センサの出力に従って調整される制御方式。
適応制御	制御系のパラメータが作業実行中に検出される状況に基づいて調整される制御方式。
学習制御	以前のサイクルで得られた経験を下に，制御パラメータ及び／又はアルゴリズムを自動的に変更する制御方式。
遠隔操作，遠隔操縦	人が遠隔の場所から実時間でロボット又はロボティックデバイスの運動を制御すること。 例　爆弾処理，宇宙ステーションの組立，水中での検査，手術などにおけるロボット操縦。

(3) 駆動系による分類

  イ 電動機の回転を利用したもの。(電気式)

  ロ 油圧を用いたもの。(油圧式)

  ハ 空気圧を用いたもの。(空気圧式)

これらのそれぞれの特徴を**付表1**に示す。

付表1　動力源による各種ロボットの比較

	電　気　式	油　圧　式	空　気　圧　式
操　　作　　力	小から中程度の操作力が得られる。通常回転力として得る。	非常に大きな力が得られる。回転力としても直線運動力としても得られる。	大きな力は得られない。通常直動運動力として得る。
速　　応　　性	中 低慣性サーボ電動機の開発によりよくなり，中小出力のものでは油圧に近くなった。	大 トルク一慣性比が大きく，高速応答が容易に得られる。	小 一般に高速応答困難。ただし，配管系の損失が小さいので，単純な動きのとき油圧より速い応答も得られる。
大 き さ・重 量	プリントモータなどによりかなり改善された。広い範囲のサイズが得られる。	重量，大きさ／出力が非常に高い。しかし油圧パワーユニットがかなりのスペースを占める。	油圧に比べ劣る。小形，低出力のものに利用価値がある。
安　　全　　性	過負荷に弱い。防爆を考える必要あり。その他の安全性は高い。	かなりの発熱あり。過負荷に強い。火災の危険あり。	過負荷に最も強い。発熱はない。人体への危険も少ない。
使 い や す さ	周辺機器がそろっており，検査も容易。	作動油の管理，管路のフラッシング，フィルター管理に注意を要する。	供給空気の水分除去，潤滑性の付加に注意を要するが油圧より容易。
寿　　　　命	サイリスタのソリッドステート駆動により改善された。	油に潤滑性があるので機器の寿命長い。	空気に潤滑性がないので，油圧，電気に比べ劣る。
コ　ス　ト	普　　　通	価格，ランニングコストとも高い。	低コスト

資料出所：日本産業用ロボット工業会編「産業用ロボットの技術」(日刊工業新聞社) より

2.　産業用ロボットの教示

　産業用ロボットに動作を教える方法（教示）には，多種の方式があるが，教示作業中に入力する情報としては次のものがある。

　(1)　位置情報

　産業用ロボットを直接動かしたり，プログラミングやリミットスイッチなどにより停止する位置，または動かす経路を指示する。

　(2)　速度情報

　動作速度を指示する。各ステップで指定できるものと，つまみによって全体の動作速度を指定するものとがある。

　(3)　インターロック情報

　グリッパーや塗装・溶接ガンの操作，アーク溶接の場合の電流供給，プレス機械との連動など周辺機器とのやりとりの情報を条件として組み込む。

　(4)　パラメータ

　ロボットの使用目的に応じ，例えばアーク溶接用のロボットでは，途中で溶接条件を変更したり，またはあるステップを2度重ね溶接するなど，多種の要求を指示する。

　(5)　シーケンス情報

　上記の(1)～(4)をどのような順序で行うかを指定する。

　位置情報を1点（経路を1本），速度の1回の指示，インターロック情報の1回の入力または出力をそれぞれ1ステップとし，それぞれのステップをどの順序につなげるかの情報を指定する。

3.　産業用ロボットの制御方式および誤作動の原因

　産業用ロボットの動作制御方式の例（プレイバックロボット）を付図1に示す。

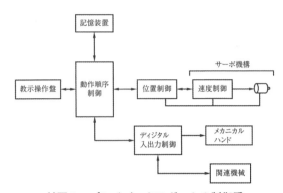

付図1　プレイバックロボットの制御系

資料出所　日本産業用ロボット工業会編「産業用ロボットの技術」（日刊工業新聞社）より

　この図で，教示操作盤から手動操作により，動作指令を発することができるが，この信号を動作順序制御部で判断して，位置制御部，速度制御部に送られて作動が実行される。またこのとき，動作経路は，動作順序制御部で判断されて，記憶装置に記憶することもできる。さらにこれに合わせて教示操作盤からはメカニカルハンドの動作を指示したり，関連する機械との動作信号の授受を行うこともできる。これらの信号も動作経路に関するデータとともに記憶装置に記憶される。

　次に，自動運転の際には，操作の指令が記憶装置より発せられ，動作順序制御部で判断することにより，入力した情報を正確に何回でも繰り返す。

　産業用ロボットが誤作動をする原因としては，いろいろ考えられるが原因不明のものも少なくない。

　駆動が空気圧式のものにあっては，水滴の混入やほこりによって，圧力が低下する可能性がある。油圧の場合には，油の中に不純物の混入により暴走することがあり，これに対する対策のほか油温の上昇，油漏れ等の対策も必要である。共通の問題としては，空気圧式・油圧式のものであってもその原動機は電動機を利用しているので，停電対策が必要である。また，近接する送配電線，電気機器等からのノイズも誤作動につながる。

また，産業用ロボットの主要構成部品が故障を起こした場合予想されるトラブルを**付表2**に示す。

付表2　産業用ロボットの主要構成部品と故障の際に予想されるトラブル

固定	可変	プレイバック	数値制御	知能	主要構成部品	故障した場合に予想されるトラブル
○	○	○	○	○	モーター	アームの異常作動
○	○	○	○	○	電磁クラッチ	アームの暴走
○	○	○	○	○	配線	非常停止不能
○	○	○	○	○	配管	アームの異常作動
○	○	○	○		電磁弁（油）	把持物の放出・落下
○	○			○	電磁弁（空気）	把持物の放出・落下
○	○				リミットスイッチ	アームの暴走，関連機械の異常作動
○	○	○	○	○	タイマー	作動時間の異常
○	○	○	○	○	サイリスタ	アームの作動速度の異常
○	○	○			ショックアブソーバー	把持物の放出
	○	○		○	サーボ弁	アームの暴走
	○				MEシーケンサー	動作順序の混乱
		○			半導体メモリー	アームの異常作動
			○		磁気テープ	関連機械との激突
	○	○			エンコーダ（内界センサー）	アームの暴走，異常作動
				○	外界センサー	アームの暴走，異常作動
		○			機械的ストッパー	アームの暴走，把持物の放出

4.　自動化ラインの産業用ロボットの災害パターン

　自動化ラインに産業用ロボットが組み込まれ，これから受ける労働災害は，従来型機械にはない産業用ロボット特有の災害である。

　機械が停止していると作業者は簡単に安全だとみなしてしまう。しかし，機械の自動停止の仕方について，安全上重要な意味を持つものがある。

　産業用ロボットの電源を遮断したときのように，完全に止まった状態を「完全停止（規則にいう「停止」に当たる）」，外部信号の条件が整えば，再起動するような状態を「条件待ち停止」，それに，長時間ある一定の位置をサーボコントロールしている状態を「見掛け上の停止」と分類でき，作業者が産業用ロボットが停止状態にあるか否かの確認を怠ったり，スイッチを切らずに産業用ロボットの可動範囲内に入った場合，不意に起動するおそれがあり，労働災害を発生する危険性を含んでいる。

　産業用ロボットが組み込まれた自動化ラインの不意の起動による労働災害の防止対策の例を次に，パターンごと示す。

　(1)　設備停止後可動範囲内に侵入するパターンと対策

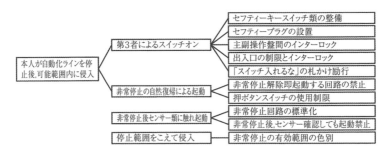

　(2)　自動停止中に侵入するパターンと対策

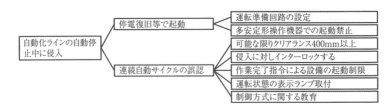

(3)　物がひっかかった状態で侵入するパターンと対策

(4)　意志なくうっかり操作するパターンと対策

(5)　見間違い・勘違いするパターンと対策

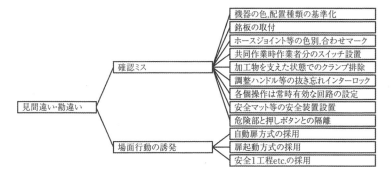

5.　産業用ロボットによる災害発生原因のFTA的分析

　産業用ロボット特有の労働災害を未然に防止するためには，その発生原因をあらかじめ知り，これに対する対策を樹立することが必要である。

　付図2に災害が発生し得る原因をFTA（フォールト・ツリー・アナリシス＝欠陥関連樹法）による解析の一例を参考として示す。

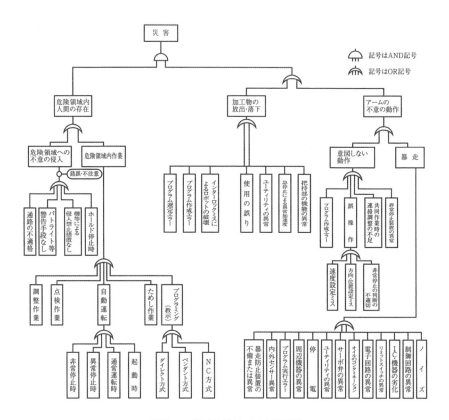

付図2　災害が発生し得る原因

6. ロボットの生産状況

　わが国における，ロボットの生産状況を**付図3**，**付図4**に示す。なおこれらのデータの中には，規則の適用がないマニュアル・マニプレータまたはその他のものも含まれている。

　（資料は，（一社）日本ロボット工業会（JARA）「ロボット産業需給動向2019年版（令和元年8月）」による。）

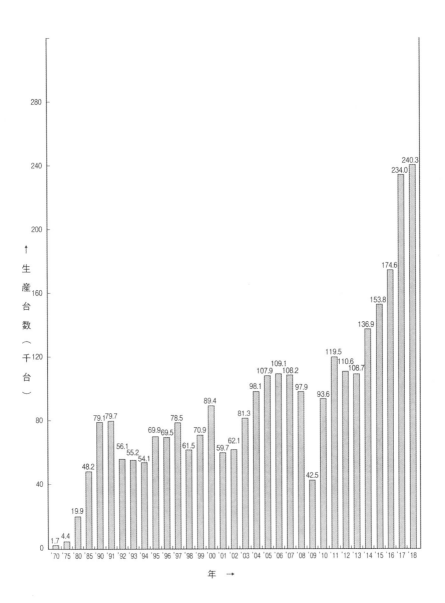

付図 3　年次別マニピュレータ，ロボットの生産台数

A　　軸ユニット
B 1　マニュアルマニピュレータ
B 2　固定シーケンスマニピュレータ
C 1　直角座標ロボット
C 2　円筒座標ロボット
C 3　**極座標ロボット**

C 4　垂直多関節ロボット
C 5　水平多関節ロボット
C 6　パラレルロボット
C 7　その他のロボット
D　　電子部品実装機
E　　ボンディング装置

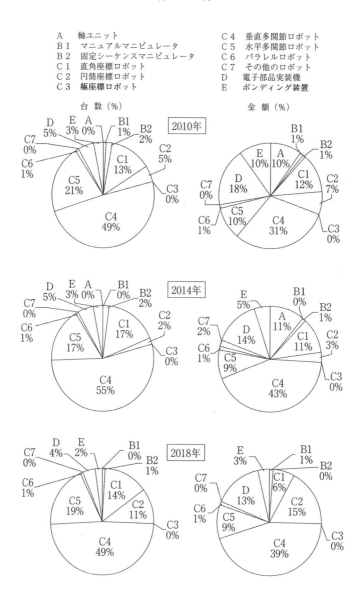

付図4　マニピュレータ，ロボットの構造別国内出荷比

付録2 産業用ロボットによる労働災害事例

下降してきたマニプレータにはさまれ死亡

業　　種 建設用機械製造業
労働者数 3,055名
被 災 者 死亡1名

【概　要】

　災害の発生した作業場は，ブルドーザの部品（下転輪軸）を切削加工し，焼入れを行う自動化された工場であり，製品の流れは，(1)面削り，センター穴加工機（以下「MLD」という。）──→(2)倣旋盤──→(3)焼入れ機となっている。（付図5）

　災害が発生したのは①の面削り，センター穴加工を行うラインである。このラインはポストクレーンにて素材（長さ680mm，重さ約60kg…付図6）を搬送用コンベヤー上に乗せ，素材がオートローダー（搬送用固定シーケンスロボット）の真下に来たときコンベヤーのリミットスイッチが働き，コンベヤーが止まり，同時にオートローダーのマニプレータが下降してきて素材をつかみMLDの素材受け取り台にセットする。素材はプッシャーにより位置決めされた後，MLDにより両端面の切削およびセンター穴の加工が行われる。加工が終わると再びオートローダーのマニプレータが降りてきて加工された素材をつかみコンベヤーにもどす。そうするとコンベヤーのスイッチが入り素材1本分を次工程の方向に送る。

　この一連の工程中におけるオートローダーの動作をみると，

　㋑　素材が真下に来てコンベヤーが止まるとオートローダーのマニプレータが自動的に下降し，素材を搬送しMLDにセットする。

　㋺　マニプレータが上昇し，MLDの上方で待機する。

　㋩　MLDでの加工が終わるとマニプレータが下降し，素材をつかみ，コ

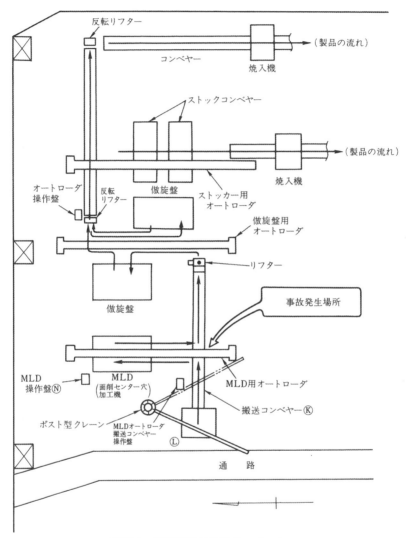

付図5　下転輪軸初工程のレイアウト

ンベヤーの元の位置まで搬送する。

㋖　マニプレータが上昇してコンベヤーの上方で待機する。

㋭　コンベヤーはもどされた素材によりスイッチが入り，素材を次工程方

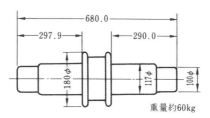

（注）　取り除こうとした不良品は
　　　図のように寸法が，左右対
　　　称となっていなかった。

付図 6　素　材

　向に 1 本分順送りする。（このとき次の素材がオートローダーの真下に来て
止まる。）（付図 7）

　災害発生時の状況は単独作業のため現認者がいなくて不明であるが，第一
発見者によれば付図 8 のように被害者は搬送コンベヤーの上でうつぶせの姿
勢でオートローダーのマニプレータに背部を押さえ付けられていたとのこと
である。

【原　因】

　通常の作業では，自動化されているため，搬送コンベヤー上に昇る作業は
必要がないので，被災者は，何らかのトラブルが発生して昇ったものと考え
られる。その原因を調べたところ，オートローダーの真下の加工済の素材が
端面とツバ端面との寸法が左右に大きな誤差が認められた（付図 6）。推測
ではあるが，当該不良の素材がコンベヤーにもどされたとき前記㋭の動作が
行われず，被害者はこの不良品を目撃し，撤去しようとコンベヤーの上に昇
り，当該素材を両手にて持ち上げたが重いため再び下に置いたところ，リミ
ットスイッチで働き前記㋭の動作，つづいて㋑の動作が行われ，マニプレー
タが降りてきたものと思われる。

　素材が不良となった原因は，MLD にセットし，位置決めしたとき，素

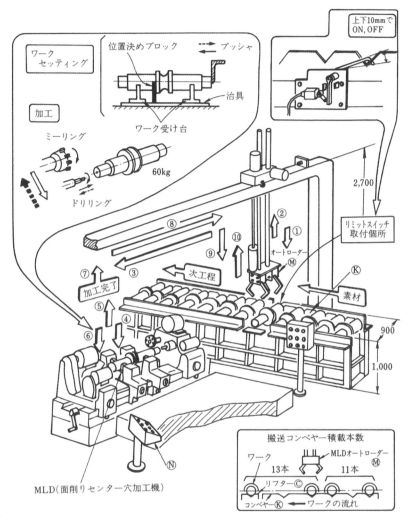

付図7　オートローダー動作

材にバリが付着していたため位置決めに誤差が生じたものとみられる。

【対　策】

　当該事業場においては災害発生後，抜本的に設備と作業方法を見直し，次

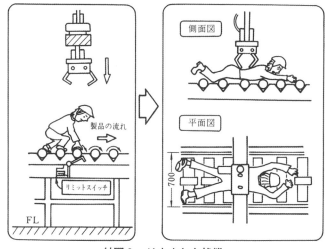

付図 8　はさまれた状態

のような改善を行った。

① 　オートローダーの可動範囲に囲いまたはさくを設けたこと。

② 　MLD の前面に光電管式安全装置を設けたこと。

③ 　自動運転中を示す緑色の表示灯を見えやすいところに設けたこと。

④ 　他の産業用ロボットにも同様の措置をしたこと。

⑤ 　始動時，通常作業時および異常時における作業手順並びに日常点検の手法を定め，作業者に徹底したこと。

　なお，産業用ロボットを含む機械設備は，設計時にリスクアセスメントを行い，次の 3 ステップの順に保護方策を検討することが必要である（付録 8「機械の包括的な安全基準に関する指針」参照）。

① 　駆動力を小さくする，危険源に接近せずに作業できるようにするなどの本質的安全設計方策

② 　インターロックつきの可動式ガードや非常停止装置を設けるなどの安全防護及び付加保護方策

③ 　異常時対応も含めた残留リスクについての取扱説明書への記載，作業標準の作成と労働者教育による徹底

付録3　関係法令

1.　労働安全衛生法（抄）

昭和47年 6 月 8 日　法律第57号
最新改正　令和元年 6 月14日　法律第37号

第 1 章　総則

（目的）

第 1 条　この法律は，労働基準法（昭和22年法律第49号）と相まつて，労働災害の防止のための危害防止基準の確立，責任体制の明確化及び自主的活動の促進の措置を講ずる等その防止に関する総合的計画的な対策を推進することにより職場における労働者の安全と健康を確保するとともに，快適な職場環境の形成を促進することを目的とする。

（事業者等の責務）

第 3 条　事業者は，単にこの法律で定める労働災害の防止のための最低基準を守るだけでなく，快適な職場環境の実現と労働条件の改善を通じて職場における労働者の安全と健康を確保するようにしなければならない。また，事業者は，国が実施する労働災害の防止に関する施策に協力するようにしなければならない。

②　機械，器具その他の設備を設計し，製造し，若しくは輸入する者，原材料を製造し，若しくは輸入する者又は建設物を建設し，若しくは設計する者は，これらの物の設計，製造，輸入又は建設に際して，これらの物が使用されることによる労働災害の発生の防止に資するように努めなければならない。

③　（略）

第 4 条　労働者は，労働災害を防止するため必要な事項を守るほか，事業者その他の関係者が実施する労働災害の防止に関する措置に協力するように努めなければならない。

第 3 章　安全衛生管理体制

（総括安全衛生管理者）

第10条　事業者は，政令で定める規模の事業場ごとに，厚生労働省令で定めるところにより，総括安全衛生管理者を選任し，その者に安全管理者，衛生管理者又は第25条の2第2項の規定により技術的事項を管理する者の指揮をさせるとともに，次の業務を統

括管理させなければならない。

1　労働者の危険又は健康障害を防止するための措置に関すること。

2　労働者の安全又は衛生のための教育の実施に関すること。

3　健康診断の実施その他健康の保持増進のための措置に関すること。

4　労働災害の原因の調査及び再発防止対策に関すること。

5　前各号に掲げるもののほか，労働災害を防止するため必要な業務で，厚生労働省令で定めるもの

②　総括安全衛生管理者は，当該事業場においてその事業の実施を統括管理する者をもつて充てなければならない。

③　都道府県労働局長は，労働災害を防止するため必要があると認めるときは，総括安全衛生管理者の業務の執行について事業者に勧告することができる。

（安全管理者）

第11条　事業者は，政令で定める業種及び規模の事業場ごとに，厚生労働省令で定める資格を有する者のうちから，厚生労働省令で定めるところにより，安全管理者を選任し，その者に前条第1項各号の業務（第25条の2第2項の規定により技術的事項を管理する者を選任した場合においては，同条第1項各号の措置に該当するものを除く。）のうち安全に係る技術的事項を管理させなければならない。

②　労働基準監督署長は，労働災害を防止するため必要があると認めるときは，事業者に対し，安全管理者の増員又は解任を命ずることができる。

（衛生管理者）

第12条　事業者は，政令で定める規模の事業場ごとに，都道府県労働局長の免許を受けた者その他厚生労働省令で定める資格を有する者のうちから，厚生労働省令で定めるところにより，当該事業場の業務の区分に応じて，衛生管理者を選任し，その者に第10条第1項各号の業務（第25条の2第2項の規定により技術的事項を管理する者を選任した場合においては，同条第1項各号の措置に該当するものを除く。）のうち衛生に係る技術的事項を管理させなければならない。

②　前条第2項の規定は，衛生管理者について準用する。

（安全衛生推進者等）

第12条の2　事業者は，第11条第1項の事業場及び前条第1項の事業場以外の事業場で，厚生労働省令で定める規模のものごとに，厚生労働省令で定めるところにより，安全衛生推進者（第11条第1項の政令で定める業種以外の業種の事業場にあつては，衛生推進者）を選任し，その者に第10条第1項各号の業務（第25条の2第2項の規定により技術的事項を管理する者を選任した場合においては，同条第1項各号の措置に該当するものを除くものとし，第11条第1項の政令で定める業種以外の業種の事業場にあつ

ては，衛生に係る業務に限る。）を担当させなければならない。

（安全委員会）

第17条　事業者は，政令で定める業種及び規模の事業場ごとに，次の事項を調査審議さ
せ，事業者に対し意見を述べさせるため，安全委員会を設けなければならない。

　1　労働者の危険を防止するための基本となるべき対策に関すること。

　2　労働災害の原因及び再発防止対策で，安全に係るものに関すること。

　3　前二号に掲げるもののほか，労働者の危険の防止に関する重要事項

②　安全委員会の委員は，次の者をもつて構成する。ただし，第1号の者である委員（以
下「第1号の委員」という。）は，一人とする。

　1　総括安全衛生管理者又は総括安全衛生管理者以外の者で当該事業場においてその
事業の実施を統括管理するもの若しくはこれに準ずる者のうちから事業者が指名し
た者

　2　安全管理者のうちから事業者が指名した者

　3　当該事業場の労働者で，安全に関し経験を有するもののうちから事業者が指名し
た者

③　安全委員会の議長は，第1号の委員がなるものとする。

④　事業者は，第1号の委員以外の委員の半数については，当該事業場に労働者の過半
数で組織する労働組合があるときにおいてはその労働組合，労働者の過半数で組織す
る労働組合がないときにおいては労働者の過半数を代表する者の推薦に基づき指名し
なければならない。

⑤　前二項の規定は，当該事業場の労働者の過半数で組織する労働組合との間における
労働協約に別段の定めがあるときは，その限度において適用しない。

第4章　労働者の危険又は健康障害を防止するための措置

　（事業者の講ずべき措置等）

第20条　事業者は，次の危険を防止するため必要な措置を講じなければならない。

　1　機械，器具その他の設備（以下「機械等」という。）による危険

　2　爆発性の物，発火性の物，引火性の物等による危険

　3　電気，熱その他のエネルギーによる危険

第21条　事業者は，掘削，採石，荷役，伐木等の業務における作業方法から生ずる危険
を防止するため必要な措置を講じなければならない。

②　事業者は，労働者が墜落するおそれのある場所，土砂等が崩壊するおそれのある場
所等に係る危険を防止するため必要な措置を講じなければならない。

第22条　事業者は，次の健康障害を防止するため必要な措置を講じなければならない。

　1　原材料，ガス，蒸気，粉じん，酸素欠乏空気，病原体等による健康障害

2　放射線，高温，低温，超音波，騒音，振動，異常気圧等による健康障害

3　計器監視，精密工作等の作業による健康障害

4　排気，排液又は残さい物による健康障害

第23条　事業者は，労働者を就業させる建設物その他の作業場について，通路，床面，階段等の保全並びに換気，採光，照明，保温，防湿，休養，避難及び清潔に必要な措置その他労働者の健康，風紀及び生命の保持のため必要な措置を講じなければならない。

第24条　事業者は，労働者の作業行動から生ずる労働災害を防止するため必要な措置を講じなければならない。

第25条　事業者は，労働災害発生の急迫した危険があるときは，直ちに作業を中止し，労働者を作業場から退避させる等必要な措置を講じなければならない。

第26条　労働者は，事業者が第20条から第25条まで及び前条第1項の規定に基づき講ずる措置に応じて，必要な事項を守らなければならない。

第27条　第20条から第25条まで及び第25条の2第1項の規定により事業者が講ずべき措置及び前条の規定により労働者が守らなければならない事項は，厚生労働省令で定める。

②　前項の厚生労働省令を定めるに当たつては，公害（環境基本法（平成5年法律第91号）第2条第3項に規定する公害をいう。）その他一般公衆の災害で，労働災害と密接に関連するものの防止に関する法令の趣旨に反しないように配慮しなければならない。

（技術上の指針等の公表等）

第28条　厚生労働大臣は，第20条から第25条まで及び第25条の2第1項の規定により事業者が講ずべき措置の適切かつ有効な実施を図るため必要な業種又は作業ごとの技術上の指針を公表するものとする。

②～④　（略）

（事業者の行うべき調査等）

第28条の2　事業者は，厚生労働省令で定めるところにより，建設物，設備，原材料，ガス，蒸気，粉じん等による，又は作業行動その他業務に起因する危険性又は有害性等（第57条第1項の政令で定める物及び第57条の2第1項に規定する通知対象物による危険性又は有害性等を除く。）を調査し，その結果に基づいて，この法律又はこれに基づく命令の規定による措置を講ずるほか，労働者の危険又は健康障害を防止するため必要な措置を講ずるように努めなければならない。ただし，当該調査のうち，化学物質，化学物質を含有する製剤その他の物で労働者の危険又は健康障害を生ずるおそれのあるものに係るもの以外のものについては，製造業その他厚生労働省令で定め

る業種に属する事業者に限る。

② 厚生労働大臣は，前条第1項及び第3項に定めるもののほか，前項の措置に関して，その適切かつ有効な実施を図るため必要な指針を公表するものとする。

③ 厚生労働大臣は，前項の指針に従い，事業者又はその団体に対し，必要な指導，援助等を行うことができる。

（厚生労働省令への委任）

第36条 第30条第1項若しくは第4項，第30条の2第1項若しくは第4項，第30条の3第1項若しくは第4項，第31条第1項，第31条の2，第32条第1項から第5項まで，第33条第1項若しくは第2項又は第34条の規定によりこれらの規定に定める者が講ずべき措置及び第32条第6項又は第33条第3項の規定によりこれらの規定に定める者が守らなければならない事項は，厚生労働省令で定める。

第5章　機械等並びに危険物及び有害物に関する規制

第1節　機械等に関する規制

第43条 動力により駆動される機械等で，作動部分上の突起物又は動力伝導部分若しくは調速部分に厚生労働省令で定める防護のための措置が施されていないものは，譲渡し，貸与し，又は譲渡若しくは貸与の目的で展示してはならない。

第6章　労働者の就業に当たつての措置

（安全衛生教育）

第59条 事業者は，労働者を雇い入れたときは，当該労働者に対し，厚生労働省令で定めるところにより，その従事する業務に関する安全又は衛生のための教育を行なわなければならない。

② 前項の規定は，労働者の作業内容を変更したときについて準用する。

③ 事業者は，危険又は有害な業務で，厚生労働省令で定めるものに労働者をつかせるときは，厚生労働省令で定めるところにより，当該業務に関する安全又は衛生のための特別の教育を行なわなければならない。

第60条 事業者は，その事業場の業種が政令で定めるものに該当するときは，新たに職務につくこととなつた職長その他の作業中の労働者を直接指導又は監督する者（作業主任者を除く。）に対し，次の事項について，厚生労働省令で定めるところにより，安全又は衛生のための教育を行なわなければならない。

1　作業方法の決定及び労働者の配置に関すること。

2　労働者に対する指導又は監督の方法に関すること。

3　前二号に掲げるもののほか，労働災害を防止するため必要な事項で，厚生労働省令で定めるもの

第60条の2 事業者は，前二条に定めるもののほか，その事業場における安全衛生の水

準の向上を図るため，危険又は有害な業務に現に就いている者に対し，その従事する
業務に関する安全又は衛生のための教育を行うように努めなければならない。

② 厚生労働大臣は，前項の教育の適切かつ有効な実施を図るため必要な指針を公表す
るものとする。

③ 厚生労働大臣は，前項の指針に従い，事業者又はその団体に対し，必要な指導等を
行うことができる。

第9章 事業場の安全又は衛生に関する改善措置等

　第1節 特別安全衛生改善計画及び安全衛生改善計画

　（特別安全衛生改善計画）

第78条 厚生労働大臣は，重大な労働災害として厚生労働省令で定めるもの（以下この
条において「重大な労働災害」という。）が発生した場合において，重大な労働災害
の再発を防止するため必要がある場合として厚生労働省令で定める場合に該当すると
認めるときは，厚生労働省令で定めるところにより，事業者に対し，その事業場の安
全又は衛生に関する改善計画（以下「特別安全衛生改善計画」という。）を作成し，
これを厚生労働大臣に提出すべきことを指示することができる。

② 事業者は，特別安全衛生改善計画を作成しようとする場合には，当該事業場に労働
者の過半数で組織する労働組合があるときにおいてはその労働組合，労働者の過半数
で組織する労働組合がないときにおいては労働者の過半数を代表する者の意見を聴か
なければならない。

③ 第1項の事業者及びその労働者は，特別安全衛生改善計画を守らなければならない。

④～⑥ （略）

　（安全衛生改善計画）

第79条 都道府県労働局長は，事業場の施設その他の事項について，労働災害の防止を
図るため総合的な改善措置を講ずる必要があると認めるとき（前条第1項の規定によ
り厚生労働大臣が同項の厚生労働省令で定める場合に該当すると認めるときを除く。）
は，厚生労働省令で定めるところにより，事業者に対し，当該事業場の安全又は衛生
に関する改善計画（以下「安全衛生改善計画」という。）を作成すべきことを指示す
ることができる。

② 前条第2項及び第3項の規定は，安全衛生改善計画について準用する。この場合に
おいて，同項中「第1項」とあるのは，「次条第1項」と読み替えるものとする。

第10章 監督等

　（使用停止命令等）

第98条 都道府県労働局長又は労働基準監督署長は，第20条から第25条まで，第25条の
2第1項，第30条の3第1項若しくは第4項，第31条第1項，第31条の2，第33条第1項又は

第34条の規定に違反する事実があるときは，その違反した事業者，注文者，機械等貸与者又は建築物貸与者に対し，作業の全部又は一部の停止，建設物等の全部又は一部の使用の停止又は変更その他労働災害を防止するため必要な事項を命ずることができる。

② 都道府県労働局長又は労働基準監督署長は，前項の規定により命じた事項について必要な事項を労働者，請負人又は建築物の貸与を受けている者に命ずることができる。

③ 労働基準監督官は，前二項の場合において，労働者に急迫した危険があるときは，これらの項の都道府県労働局長又は労働基準監督署長の権限を即時に行うことができる。

④ 都道府県労働局長又は労働基準監督署長は，請負契約によつて行われる仕事について第1項の規定による命令をした場合において，必要があると認めるときは，当該仕事の注文者（当該仕事が数次の請負契約によつて行われるときは，当該注文者の請負契約の先次のすべての請負契約の当事者である注文者を含み，当該命令を受けた注文者を除く。）に対し，当該違反する事実に関して，労働災害を防止するため必要な事項について勧告又は要請を行うことができる。

第99条 都道府県労働局長又は労働基準監督署長は，前条第1項の場合以外の場合において，労働災害発生の急迫した危険があり，かつ，緊急の必要があるときは，必要な限度において，事業者に対し，作業の全部又は一部の一時停止，建設物等の全部又は一部の使用の一時停止その他当該労働災害を防止するため必要な応急の措置を講ずることを命ずることができる。

② 都道府県労働局長又は労働基準監督署長は，前項の規定により命じた事項について必要な事項を労働者に命ずることができる。

（報告等）

第100条 厚生労働大臣，都道府県労働局長又は労働基準監督署長は，この法律を施行するため必要があると認めるときは，厚生労働省令で定めるところにより，事業者，労働者，機械等貸与者，建築物貸与者又はコンサルタントに対し，必要な事項を報告させ，又は出頭を命ずることができる。

② 厚生労働大臣，都道府県労働局長又は労働基準監督署長は，この法律を施行するため必要があると認めるときは，厚生労働省令で定めるところにより，登録製造時等検査機関等に対し，必要な事項を報告させることができる。

③ 労働基準監督官は，この法律を施行するため必要があると認めるときは，事業者又は労働者に対し，必要な事項を報告させ，又は出頭を命ずることができる。

2. 労働安全衛生法施行令（抄）

> 昭和47年8月19日　政令第318号
> 最新改正　令和元年6月5日　政令第19号

（総括安全衛生管理者を選任すべき事業場）

第2条　労働安全衛生法（以下「法」という。）第10条第1項の政令で定める規模の事業場は，次の各号に掲げる業種の区分に応じ，常時当該各号に掲げる数以上の労働者を使用する事業場とする。

1　林業，鉱業，建設業，運送業及び清掃業　100人

2　製造業（物の加工業を含む。），電気業，ガス業，熱供給業，水道業，通信業，各種商品卸売業，家具・建具・じゅう器等卸売業，各種商品小売業，家具・建具・じゅう器小売業，燃料小売業，旅館業，ゴルフ場業，自動車整備業及び機械修理業　300人

3　その他の業種　1,000人

（安全管理者を選任すべき事業場）

第3条　法第11条第1項の政令で定める業種及び規模の事業場は，前条第1号又は第2号に掲げる業種の事業場で，常時50人以上の労働者を使用するものとする。

（衛生管理者を選任すべき事業場）

第4条　法第12条第1項の政令で定める規模の事業場は，常時50人以上の労働者を使用する事業場とする。

（安全委員会を設けるべき事業場）

第8条　法第17条第1項の政令で定める業種及び規模の事業場は，次の各号に掲げる業種の区分に応じ，常時当該各号に掲げる数以上の労働者を使用する事業場とする。

1　林業，鉱業，建設業，製造業のうち木材・木製品製造業，化学工業，鉄鋼業，金属製品製造業及び輸送用機械器具製造業，運送業のうち道路貨物運送業及び港湾運送業，自動車整備業，機械修理業並びに清掃業　50人

2　第2条第1号及び第2号に掲げる業種（前号に掲げる業種を除く。）　100人

（職長等の教育を行うべき業種）

第19条　法第60条の政令で定める業種は，次のとおりとする。

1　建設業

2　製造業。ただし，次に掲げるものを除く。

イ　食料品・たばこ製造業（うま味調味料製造業及び動植物油脂製造業を除く。）

　　ロ　繊維工業（紡績業及び染色整理業を除く。）

　　ハ　衣服その他の繊維製品製造業

　　ニ　紙加工品製造業（セロファン製造業を除く。）

　　ホ　新聞業，出版業，製本業及び印刷物加工業

3　電気業

4　ガス業

5　自動車整備業

6　機械修理業

3. 労働安全衛生規則（抄）

昭和47年9月30日 労働省令第32号
最新改正 令和2年3月31日 厚生労働省令第66号

第1編 通 則

第2章 安全衛生管理体制

第7節 安全委員会，衛生委員会等

（安全委員会の付議事項）

第21条 法第17条第1項第3号の労働者の危険の防止に関する重要事項には，次の事項が含まれるものとする。

1　安全に関する規程の作成に関すること。

2　法第28条の2第1項又は第57条の3第1項及び第2項の危険性又は有害性等の調査及びその結果に基づき講ずる措置のうち，安全に係るものに関すること。

3　安全衛生に関する計画（安全に係る部分に限る。）の作成，実施，評価及び改善に関すること。

4　安全教育の実施計画の作成に関すること。

5　厚生労働大臣，都道府県労働局長，労働基準監督署長，労働基準監督官又は産業安全専門官から文書により命令，指示，勧告又は指導を受けた事項のうち，労働者の危険の防止に関すること。

第2章の4 危険性又は有害性等の調査等

（危険性又は有害性等の調査）

第24条の11 法第28条の2第1項の危険性又は有害性等の調査は，次に掲げる時期に行うものとする。

1　建設物を設置し，移転し，変更し，又は解体するとき。

2　設備，原材料等を新規に採用し，又は変更するとき。

3　作業方法又は作業手順を新規に採用し，又は変更するとき。

4　前三号に掲げるもののほか，建設物，設備，原材料，ガス，蒸気，粉じん等による，又は作業行動その他業務に起因する危険性又は有害性等について変化が生じ，又は生ずるおそれがあるとき。

② 法第28条の2第1項ただし書の厚生労働省令で定める業種は，令第2条第1号に掲げる業種及び同条第2号に掲げる業種（製造業を除く。）とする。

（指針の公表）

第24条の12　第24条の規定は，法第28条の2第2項の規定による指針の公表について準用する。

（機械に関する危険性等の通知）

第24条の13　労働者に危険を及ぼし，又は労働者の健康障害をその使用により生ずるおそれのある機械（以下単に「機械」という。）を譲渡し，又は貸与する者（次項において「機械譲渡者等」という。）は，文書の交付等により当該機械に関する次に掲げる事項を，当該機械の譲渡又は貸与を受ける相手方の事業者（次項において「相手方事業者」という。）に通知するよう努めなければならない。

1　型式，製造番号その他の機械を特定するために必要な事項

2　機械のうち，労働者に危険を及ぼし，又は労働者の健康障害をその使用により生ずるおそれのある箇所に関する事項

3　機械に係る作業のうち，前号の箇所に起因する危険又は健康障害を生ずるおそれのある作業に関する事項

4　前号の作業ごとに生ずるおそれのある危険又は健康障害のうち最も重大なものに関する事項

5　前各号に掲げるもののほか，その他参考となる事項

②　厚生労働大臣は，相手方事業者の法第28条の2第1項の調査及び同項の措置の適切かつ有効な実施を図ることを目的として機械譲渡者等が行う前項の通知を促進するため必要な指針を公表することができる。

第3章　機械等並びに危険物及び有害物に関する規制

第1節　機械等に関する規制

（安全装置等の有効保持）

第28条　事業者は，法及びこれに基づく命令により設けた安全装置，覆い，囲い等（以下「安全装置等」という。）が有効な状態で使用されるようそれらの点検及び整備を行なわなければならない。

第29条　労働者は，安全装置等について，次の事項を守らなければならない。

1　安全装置等を取りはずし，又はその機能を失わせないこと。

2　臨時に安全装置等を取りはずし，又はその機能を失わせる必要があるときは，あらかじめ，事業者の許可を受けること。

3　前号の許可を受けて安全装置等を取りはずし，又はその機能を失わせたときは，その必要がなくなつた後，直ちにこれを原状に復しておくこと。

4　安全装置等が取りはずされ，又はその機能を失つたことを発見したときは，すみやかに，その旨を事業者に申し出ること。

②　事業者は，労働者から前項第四号の規定による申出があつたときは，すみやかに，適当な措置を講じなければならない。

第4章　安全衛生教育

（雇入れ時等の教育）

第35条　事業者は，労働者を雇い入れ，又は労働者の作業内容を変更したときは，当該労働者に対し，遅滞なく，次の事項のうち当該労働者が従事する業務に関する安全又は衛生のため必要な事項について，教育を行なわなければならない。ただし，令第2条第3号に掲げる業種の事業場の労働者については，第1号から第4号までの事項についての教育を省略することができる。

1　機械等，原材料等の危険性又は有害性及びこれらの取扱い方法に関すること。

2　安全装置，有害物抑制装置又は保護具の性能及びこれらの取扱い方法に関すること。

3　作業手順に関すること。

4　作業開始時の点検に関すること。

5　当該業務に関して発生するおそれのある疾病の原因及び予防に関すること。

6　整理，整頓及び清潔の保持に関すること。

7　事故時等における応急措置及び退避に関すること。

8　前各号に掲げるもののほか，当該業務に関する安全又は衛生のために必要な事項

②　事業者は，前項各号に掲げる事項の全部又は一部に関し十分な知識及び技能を有していると認められる労働者については，当該事項についての教育を省略することができる。

（特別教育を必要とする業務）

第36条　法第59条第3項の厚生労働省令で定める危険又は有害な業務は，次のとおりとする。

1～30　（略）

31　マニプレータ及び記憶装置（可変シーケンス制御装置及び固定シーケンス制御装置を含む。以下この号において同じ。）を有し，記憶装置の情報に基づきマニプレータの伸縮，屈伸，上下移動，左右移動若しくは旋回の動作又はこれらの複合動作を自動的に行うことができる機械（研究開発中のものその他厚生労働大臣が定めるものを除く。以下「産業用ロボット」という。）の可動範囲（記憶装置の情報に基づきマニプレータその他の産業用ロボットの各部の動くことができる最大の範囲をいう。以下同じ。）内において当該産業用ロボットについて行うマニプレータの動作の順序，位置若しくは速度の設定，変更若しくは確認（以下「教示等」という。）（産業用ロボットの駆動源を遮断して行うものを除く。以下この号において同じ。）

又は産業用ロボットの可動範囲内において当該産業用ロボットについて教示等を行う労働者と共同して当該産業用ロボットの可動範囲外において行う当該教示等に係る機器の操作の業務

32　産業用ロボットの可動範囲内において行う当該産業用ロボットの検査，修理若しくは調整（教示等に該当するものを除く。）若しくはこれらの結果の確認（以下この号において「検査等」という。）（産業用ロボットの運転中に行うものに限る。以下この号において同じ。）又は産業用ロボットの可動範囲内において当該産業用ロボットの検査等を行う労働者と共同して当該産業用ロボットの可動範囲外において行う当該検査等に係る機器の操作の業務

33～41　（略）

（特別教育の科目の省略）

第37条　事業者は，法第59条第３項の特別の教育（以下「特別教育」という。）の科目の全部又は一部について十分な知識及び技能を有していると認められる労働者については，当該科目についての特別教育を省略することができる。

（特別教育の記録の保存）

第38条　事業者は，特別教育を行なつたときは，当該特別教育の受講者，科目等の記録を作成して，これを３年間保存しておかなければならない。

（特別教育の細目）

第39条　前二条及び第592条の７に定めるもののほか，第36条第１号から第13号まで，第27号，第30号から第36号まで及び第39号から第41号までに掲げる業務に係る特別教育の実施について必要な事項は，厚生労働大臣が定める。

（職長等の教育）

第40条　法第60条第３号の厚生労働省令で定める事項は，次のとおりとする。

1　法第28条の２第１項又は第57条の３第１項及び第２項の危険性又は有害性等の調査及びその結果に基づき講ずる措置に関すること。

2　異常時等における措置に関すること。

3　その他現場監督者として行うべき労働災害防止活動に関すること。

②　法第60条の安全又は衛生のための教育は，次の表の上欄（編注・左欄）に掲げる事項について，同表の下欄（編注・右欄）に掲げる時間以上行わなければならないものとする。

事　　　　　項	時　　間
法第60条第1号に掲げる事項 1　作業手順の定め方 2　労働者の適正な配置の方法	2時間
法第60条第2号に掲げる事項 1　指導及び教育の方法 2　作業中における監督及び指示の方法	2.5時間
前項第1号に掲げる事項 1　危険性又は有害性等の調査の方法 2　危険性又は有害性等の調査の結果に基づき講ずる措置 3　設備，作業等の具体的な改善の方法	4時間
前項第2号に掲げる事項 1　異常時における措置 2　災害発生時における措置	1.5時間
前項第3号に掲げる事項 1　作業に係る設備及び作業場所の保守管理の方法 2　労働災害防止についての関心の保持及び労働者の創意 　工夫を引き出す方法	2時間

③　事業者は，前項の表の上欄（編注・左欄）に掲げる事項の全部又は一部について十分な知識及び技能を有していると認められる者については，当該事項に関する教育を省略することができる。

第8章　特別安全衛生改善計画及び安全衛生改善計画

（特別安全衛生改善計画の作成の指示等）

第84条　法第78条第1項の厚生労働省令で定める重大な労働災害は，労働災害のうち，次の各号のいずれかに該当するものとする。

　1　労働者が死亡したもの

　2　労働者が負傷し，又は疾病にかかつたことにより，労働者災害補償保険法施行規則（昭和30年労働省令第22号）別表第1第1級の項から第7級の項までの身体障害欄に掲げる障害のいずれかに該当する障害が生じたもの又は生じるおそれのあるもの

②　法第78条第1項の厚生労働省令で定める場合は，次の各号のいずれにも該当する場合とする。

　1　前項の重大な労働災害（以下この条において「重大な労働災害」という。）を発生させた事業者が，当該重大な労働災害を発生させた日から起算して3年以内に，当該重大な労働災害が発生した事業場以外の事業場において，当該重大な労働災害と再発を防止するための措置が同様である重大な労働災害を発生させた場合

　2　前号の事業者が発生させた重大な労働災害及び当該重大な労働災害と再発を防止

するための措置が同様である重大な労働災害が，いずれも当該事業者が法，じん肺
法若しくは作業環境測定法（昭和58年法律第28号）若しくはこれらに基づく命令の
規定又は労働基準法第36条第6項第1号，第62条第1項若しくは第2項，第63条，
第64条の2若しくは第64条の3第1項若しくは第2項若しくはこれらの規定に基づ
く命令の規定に違反して発生させたものである場合

③～⑤　（略）

第9章　監督等

（事故報告）

第96条　事業者は，次の場合は，遅滞なく，様式第22号による報告書を所轄労働基準監
督署長に提出しなければならない。

　1　事業場又はその附属建設物内で，次の事故が発生したとき

　　イ　火災又は爆発の事故（次号の事故を除く。）

　　ロ　遠心機械，研削といしその他高速回転体の破裂の事故

　　ハ，ニ　（略）

　2～10　（略）

②　（略）

（労働者死傷病報告）

第97条　事業者は，労働者が労働災害その他就業中又は事業場内若しくはその附属建設
物内における負傷，窒息又は急性中毒により死亡し，又は休業したときは，遅滞なく，
様式第23号による報告書を所轄労働基準監督署長に提出しなければならない。

②　前項の場合において，休業の日数が4日に満たないときは，事業者は，同項の規定
にかかわらず，1月から3月まで，4月から6月まで，7月から9月まで及び10月か
ら12月までの期間における当該事実について，様式第24号による報告書をそれぞれの
期間における最後の月の翌月末日までに，所轄労働基準監督署長に提出しなければな
らない。

第2編　安全基準

　第1章　機械による危険の防止

　　第1節　一般基準

（原動機，回転軸等による危険の防止）

第101条　事業者は，機械の原動機，回転軸，歯車，プーリー，ベルト等の労働者に危
険を及ぼすおそれのある部分には，覆い，囲い，スリーブ，踏切橋等を設けなければ
ならない。

②　事業者は，回転軸，歯車，プーリー，フライホイール等に附属する止め具について
は，埋頭型のものを使用し，又は覆いを設けなければならない。

③　事業者は，ベルトの継目には，突出した止め具を使用してはならない。

④　事業者は，第1項の踏切橋には，高さが90センチメートル以上の手すりを設けなければならない。

⑤　労働者は，踏切橋の設備があるときは，踏切橋を使用しなければならない。

（ベルトの切断による危険の防止）

第102条　事業者は，通路又は作業箇所の上にあるベルトで，プーリー間の距離が3メートル以上，幅が15センチメートル以上及び速度が毎秒10メートル以上であるものには，その下方に囲いを設けなければならない。

（動力しや断装置）

第103条　事業者は，機械ごとにスイッチ，クラッチ，ベルトシフター等の動力しや断装置を設けなければならない。ただし，連続した一団の機械で，共通の動力しや断装置を有し，かつ，工程の途中で人力による原材料の送給，取出し等の必要のないものは，この限りでない。

②　事業者は，前項の機械が切断，引抜き，圧縮，打抜き，曲げ又は絞りの加工をするものであるときは，同項の動力しや断装置を当該加工の作業に従事する者がその作業位置を離れることなく操作できる位置に設けなければならない。

③　事業者は，第1項の動力しや断装置については，容易に操作ができるもので，かつ，接触，振動等のため不意に機械が起動するおそれのないものとしなければならない。

（運転開始の合図）

第104条　事業者は，機械の運転を開始する場合において，労働者に危険を及ぼすおそれのあるときは，一定の合図を定め，合図をする者を指名して，関係労働者に対し合図を行なわせなければならない。

②　労働者は，前項の合図に従わなければならない。

（加工物等の飛来による危険の防止）

第105条　事業者は，加工物等が切断し，又は欠損して飛来することにより労働者に危険を及ぼすおそれのあるときは，当該加工物等を飛散させる機械に覆い又は囲いを設けなければならない。ただし，覆い又は囲いを設けることが作業の性質上困難な場合において，労働者に保護具を使用させたときは，この限りでない。

②　労働者は，前項ただし書の場合において，保護具の使用を命じられたときは，これを使用しなければならない。

（切削屑の飛来等による危険の防止）

第106条　事業者は，切削屑が飛来すること等により労働者に危険を及ぼすおそれのあるときは，当該切削屑を生ずる機械に覆い又は囲いを設けなければならない。ただし，覆い又は囲いを設けることが作業の性質上困難な場合において，労働者に保護具を使

用させたときは，この限りでない。

② 労働者は，前項ただし書の場合において，保護具の使用を命じられたときは，これを使用しなければならない。

（掃除等の場合の運転停止等）

第107条 事業者は，機械（刃部を除く。）の掃除，給油，検査，修理又は調整の作業を行う場合において，労働者に危険を及ぼすおそれのあるときは，機械の運転を停止しなければならない。ただし，機械の運転中に作業を行わなければならない場合において，危険な箇所に覆いを設ける等の措置を講じたときは，この限りでない。

② 事業者は，前項の規定により機械の運転を停止したときは，当該機械の起動装置に錠を掛け，当該機械の起動装置に表示板を取り付ける等同項の作業に従事する労働者以外の者が当該機械を運転することを防止するための措置を講じなければならない。

（刃部のそうじ等の場合の運転停止等）

第108条 事業者は，機械の刃部のそうじ，検査，修理，取替え又は調整の作業を行なうときは，機械の運転を停止しなければならない。ただし，機械の構造上労働者に危険を及ぼすおそれのないときは，この限りでない。

② 事業者は，前項の規定により機械の運転を停止したときは，当該機械の起動装置に錠をかけ，当該機械の起動装置に表示板を取り付ける等同項の作業に従事する労働者以外の者が当該機械を運転することを防止するための措置を講じなければならない。

③ 事業者は，運転中の機械の刃部において切粉払いをし，又は切削剤を使用するときは，労働者にブラシその他の適当な用具を使用させなければならない。

④ 労働者は，前項の用具の使用を命じられたときは，これを使用しなければならない。

（ストローク端の覆い等）

第108条の2 事業者は，研削盤又はプレーナーのテーブル，シエーパーのラム等のストローク端が労働者に危険を及ぼすおそれのあるときは，覆い，囲い又は柵を設ける等当該危険を防止する措置を講じなければならない。

（巻取りロール等の危険の防止）

第109条 事業者は，紙，布，ワイヤロープ等の巻取りロール，コイル巻等で労働者に危険を及ぼすおそれのあるものには，覆い，囲い等を設けなければならない。

（作業帽等の着用）

第110条 事業者は，動力により駆動される機械に作業中の労働者の頭髪又は被服が巻き込まれるおそれのあるときは，当該労働者に適当な作業帽又は作業服を着用させなければならない。

② 労働者は，前項の作業帽又は作業服の着用を命じられたときは，これらを着用しなければならない。

（手袋の使用禁止）

第111条 事業者は，ボール盤，面取り盤等の回転する刃物に作業中の労働者の手が巻き込まれるおそれのあるときは，当該労働者に手袋を使用させてはならない。

② 労働者は，前項の場合において，手袋の使用を禁止されたときは，これを使用してはならない。

第4節 プレス機械及びシヤー

（プレス等による危険の防止）

第131条 事業者は，プレス機械及びシヤー（以下「プレス等」という。）については，安全囲いを設ける等当該プレス等を用いて作業を行う労働者の身体の一部が危険限界に入らないような措置を講じなければならない。ただし，スライド又は刃物による危険を防止するための機構を有するプレス等については，この限りでない。

② 事業者は，作業の性質上，前項の規定によることが困難なときは，当該プレス等を用いて作業を行う労働者の安全を確保するため，次に定めるところに適合する安全装置（手払い式安全装置を除く。）を取り付ける等必要な措置を講じなければならない。

1 プレス等の種類，圧力能力，毎分ストローク数及びストローク長さ並びに作業の方法に応じた性能を有するものであること。

2 両手操作式の安全装置及び感応式の安全装置にあつては，プレス等の停止性能に応じた性能を有するものであること。

3 プレスブレーキ用レーザー式安全装置にあつては，プレスブレーキのスライドの速度を毎秒10ミリメートル以下とすることができ，かつ，当該速度でスライドを作動させるときはスライドを作動させるための操作部を操作している間のみスライドを作動させる性能を有するものであること。

③ 前二項の措置は，行程の切替えスイッチ，操作の切替えスイッチ若しくは操作ステーションの切替えスイッチ又は安全装置の切替えスイッチを備えるプレス等については，当該切替えスイッチが切り替えられたいかなる状態においても講じられているものでなければならない。

（スライドの下降による危険の防止）

第131条の2 事業者は，動力プレスの金型の取付け，取外し又は調整の作業を行う場合において，当該作業に従事する労働者の身体の一部が危険限界に入るときは，スライドが不意に下降することによる労働者の危険を防止するため，当該作業に従事する労働者に安全ブロックを使用させる等の措置を講じさせなければならない。

② 前項の作業に従事する労働者は，同項の安全ブロックを使用する等の措置を講じなければならない。

（金型の調整）

第131条の3　事業者は，プレス機械の金型の調整のためスライドを作動させるときは，寸動機構を有するものにあつては寸動により，寸動機構を有するもの以外のものにあつては手回しにより行わなければならない。

（クラッチ等の機能の保持）

第132条　事業者は，プレス等のクラッチ，ブレーキその他制御のために必要な部分の機能を常に有効な状態に保持しなければならない。

（プレス機械作業主任者の選任）

第133条　事業者は，令第6条第7号の作業については，プレス機械作業主任者技能講習を修了した者のうちから，プレス機械作業主任者を選任しなければならない。

（プレス機械作業主任者の職務）

第134条　事業者は，プレス機械作業主任者に，次の事項を行なわせなければならない。

1　プレス機械及びその安全装置を点検すること。

2　プレス機械及びその安全装置に異常を認めたときは，直ちに必要な措置をとること。

3　プレス機械及びその安全装置に切替えキースイッチを設けたときは，当該キーを保管すること。

4　金型の取付け，取りはずし及び調整の作業を直接指揮すること。

（切替えキースイッチのキーの保管等）

第134条の2　事業者は，動力プレスによる作業のうち令第6条第7号の作業以外の作業を行う場合において，動力プレス及びその安全装置に切替えキースイッチを設けたときは，当該キーを保管する者を定め，その者に当該キーを保管させなければならない。

（作業開始前の点検）

第136条　事業者は，プレス等を用いて作業を行うときには，その日の作業を開始する前に，次の事項について点検を行わなければならない。

1　クラッチ及びブレーキの機能

2　クランクシヤフト，フライホイール，スライド，コネクチングロッド及びコネクチングスクリユーのボルトのゆるみの有無

3　一行程一停止機構，急停止機構及び非常停止装置の機能

4　スライド又は刃物による危険を防止するための機構の機能

5　プレス機械にあつては，金型及びボルスターの状態

6　シヤーにあつては，刃物及びテーブルの状態

（プレス等の補修）

第137条　事業者は，第134条の3若しくは第135条の自主検査又は前条の点検を行つた

場合において，異常を認めたときは，補修その他の必要な措置を講じなければならない。

第9節　産業用ロボット

（教示等）

第150条の3　事業者は，産業用ロボットの可動範囲内において当該産業用ロボットについて教示等の作業を行うときは，当該産業用ロボットの不意の作動による危険又は当該産業用ロボットの誤操作による危険を防止するため，次の措置を講じなければならない。ただし，第1号及び第2号の措置については，産業用ロボットの駆動源を遮断して作業を行うときは，この限りでない。

1　次の事項について規程を定め，これにより作業を行わせること。

イ　産業用ロボットの操作の方法及び手順

ロ　作業中のマニプレータの速度

ハ　複数の労働者に作業を行わせる場合における合図の方法

ニ　異常時における措置

ホ　異常時に産業用ロボットの運転を停止した後，これを再起動させるときの措置

ヘ　その他産業用ロボットの不意の作動による危険又は産業用ロボットの誤操作による危険を防止するために必要な措置

2　作業に従事している労働者又は当該労働者を監視する者が異常時に直ちに産業用ロボットの運転を停止することができるようにするための措置を講ずること。

3　作業を行つている間産業用ロボットの起動スイッチ等に作業中である旨を表示する等作業に従事している労働者以外の者が当該起動スイッチ等を操作することを防止するための措置を講ずること。

（運転中の危険の防止）

第150条の4　事業者は，産業用ロボットを運転する場合（教示等のために産業用ロボットを運転する場合及び産業用ロボットの運転中に次条に規定する作業を行わなければならない場合において産業用ロボットを運転するときを除く。）において，当該産業用ロボットに接触することにより労働者に危険が生ずるおそれのあるときは，さく又は囲いを設ける等当該危険を防止するために必要な措置を講じなければならない。

（検査等）

第150条の5　事業者は，産業用ロボットの可動範囲内において当該産業用ロボットの検査，修理，調整（教示等に該当するものを除く。），掃除若しくは給油又はこれらの結果の確認の作業を行うときは，当該産業用ロボットの運転を停止するとともに，当該作業を行つている間当該産業用ロボットの起動スイッチに錠をかけ，当該産業用ロボットの起動スイッチに作業中である旨を表示する等当該作業に従事している労働者以外の者が当該起動スイッチを操作することを防止するための措置を講じなければな

らない。ただし，産業用ロボットの運転中に作業を行わなければならない場合におい
て，当該産業用ロボットの不意の作動による危険又は当該産業用ロボットの誤操作に
よる危険を防止するため，次の措置を講じたときは，この限りでない。

1　次の事項について規程を定め，これにより作業を行わせること。

　イ　産業用ロボットの操作の方法及び手順

　ロ　複数の労働者に作業を行わせる場合における合図の方法

　ハ　異常時における措置

　ニ　異常時に産業用ロボットの運転を停止した後，これを再起動させるときの措置

　ホ　その他産業用ロボットの不意の作動による危険又は産業用ロボットの誤操作に
　　　よる危険を防止するために必要な措置

2　作業に従事している労働者又は当該労働者を監視する者が異常時に直ちに産業用
　ロボットの運転を停止することができるようにするための措置を講ずること。

3　作業を行つている間産業用ロボットの運転状態を切り替えるためのスイッチ等に
　作業中である旨を表示する等作業に従事している労働者以外の者が当該スイツチ等
　を操作することを防止するための措置を講ずること。

（点検）

第151条　事業者は，産業用ロボットの可動範囲内において当該産業用ロボットについ
　て教示等（産業用ロボットの駆動源を遮断して行うものを除く。）の作業を行うとき
　は，その作業を開始する前に，次の事項について点検し，異常を認めたときは，直ち
　に補修その他必要な措置を講じなければならない。

1　外部電線の被覆又は外装の損傷の有無

2　マニプレータの作動の異常の有無

3　制動装置及び非常停止装置の機能

　第5章　電気による危険の防止

　　第1節　電気機械器具

（電気機械器具の囲い等）

第329条　事業者は，電気機械器具の充電部分（電熱器の発熱体の部分，抵抗溶接機の
　電極の部分等電気機械器具の使用の目的により露出することがやむを得ない充電部分
　を除く。）で，労働者が作業中又は通行の際に，接触（導電体を介する接触を含む。
　以下この章において同じ。）し，又は接近することにより感電の危険を生ずるおそれ
　のあるものについては，感電を防止するための囲い又は絶縁覆いを設けなければなら
　ない。ただし，配電盤室，変電室等区画された場所で，事業者が第36条第4号の業務
　に就いている者（以下「電気取扱者」という。）以外の者の立入りを禁止したところ
　に設置し，又は電柱上，塔上等隔離された場所で，電気取扱者以外の者が接近するお

それのないところに設置する電気機械器具については，この限りでない。

（手持型電燈等のガード）

第330条　事業者は，移動電線に接続する手持型の電燈，仮設の配線又は移動電線に接続する架空つり下げ電燈等には，口金に接触することによる感電の危険及び電球の破損による危険を防止するため，ガードを取り付けなければならない。

②　事業者は，前項のガードについては，次に定めるところに適合するものとしなければならない。

　1　電球の口金の露出部分に容易に手が触れない構造のものとすること。

　2　材料は，容易に破損又は変形をしないものとすること。

（溶接棒等のホルダー）

第331条　事業者は，アーク溶接等（自動溶接を除く。）の作業に使用する溶接棒等のホルダーについては，感電の危険を防止するため必要な絶縁効力及び耐熱性を有するものでなければ，使用してはならない。

（交流アーク溶接機用自動電撃防止装置）

第332条　事業者は，船舶の二重底若しくはピークタンクの内部，ボイラーの胴若しくはドームの内部等導電体に囲まれた場所で著しく狭あいなところ又は墜落により労働者に危険を及ぼすおそれのある高さが2メートル以上の場所で鉄骨等導電性の高い接地物に労働者が接触するおそれがあるところにおいて，交流アーク溶接等（自動溶接を除く。）の作業を行うときは，交流アーク溶接機用自動電撃防止装置を使用しなければならない。

（漏電による感電の防止）

第333条　事業者は，電動機を有する機械又は器具（以下「電動機械器具」という。）で，対地電圧が150ボルトをこえる移動式若しくは可搬式のもの又は水等導電性の高い液体によつて湿潤している場所その他鉄板上，鉄骨上，定盤上等導電性の高い場所において使用する移動式若しくは可搬式のものについては，漏電による感電の危険を防止するため，当該電動機械器具が接続される電路に，当該電路の定格に適合し，感度が良好であり，かつ，確実に作動する感電防止用漏電しや断装置を接続しなければならない。

②　事業者は，前項に規定する措置を講ずることが困難なときは，電動機械器具の金属製外わく，電動機の金属製外被等の金属部分を，次に定めるところにより接地して使用しなければならない。

　1　接地極への接続は，次のいずれかの方法によること。

　　イ　一心を専用の接地線とする移動電線及び一端子を専用の接地端子とする接続器具を用いて接地極に接続する方法

　　ロ　移動電線に添えた接地線及び当該電動機械器具の電源コンセントに近接する箇
　　　所に設けられた接地端子を用いて接地極に接続する方法
　2　前号イの方法によるときは，接地線と電路に接続する電線との混用及び接地端子
　　と電路に接続する端子との混用を防止するための措置を講ずること。
　3　接地極は，十分に地中に埋設する等の方法により，確実に大地と接続すること。
（適用除外）
第334条　前条の規定は，次の各号のいずれかに該当する電動機械器具については，適
　用しない。
　1　非接地方式の電路（当該電動機械器具の電源側の電路に設けた絶縁変圧器の二次
　　電圧が300ボルト以下であり，かつ，当該絶縁変圧器の負荷側の電路が接地されて
　　いないものに限る。）に接続して使用する電動機械器具
　2　絶縁台の上で使用する電動機械器具
　3　電気用品安全法（昭和36年法律第234号）第2条第2項の特定電気用品であつて，
　　同法第10条第1項の表示が付された二重絶縁構造の電動機械器具
（電気機械器具の操作部分の照度）
第335条　事業者は，電気機械器具の操作の際に，感電の危険又は誤操作による危険を
　防止するため，当該電気機械器具の操作部分について必要な照度を保持しなければな
　らない。

　　第2節　配線及び移動電線

（配線等の絶縁被覆）
第336条　事業者は，労働者が作業中又は通行の際に接触し，又は接触するおそれのあ
　る配線で，絶縁被覆を有するもの（第36条第4号の業務において電気取扱者のみが接
　触し，又は接触するおそれがあるものを除く。）又は移動電線については，絶縁被覆
　が損傷し，又は老化していることにより，感電の危険が生ずることを防止する措置を
　講じなければならない。
（移動電線等の被覆又は外装）
第337条　事業者は，水その他導電性の高い液体によつて湿潤している場所において使
　用する移動電線又はこれに附属する接続器具で，労働者が作業中又は通行の際に接触
　するおそれのあるものについては，当該移動電線又は接続器具の被覆又は外装が当該
　導電性の高い液体に対して絶縁効力を有するものでなければ，使用してはならない。
（仮設の配線等）
第338条　事業者は，仮設の配線又は移動電線を通路面において使用してはならない。
　ただし，当該配線又は移動電線の上を車両その他の物が通過すること等による絶縁被
　覆の損傷のおそれのない状態で使用するときは，この限りでない。

付録4　産業用ロボット関係告示

1.　安全衛生特別教育規程（抄）

昭和47年9月30日　労働省告示第92号
最新改正　令和元年8月8日　厚生労働省告示第83号

（産業用ロボットの教示等の業務に係る特別教育）

第18条　安衛則第36条第31号に掲げる業務に係る特別教育は，学科教育及び実技教育により行うものとする。

②　前項の学科教育は，次の表の上欄（編注・左欄）に掲げる科目に応じ，それぞれ，同表の中欄に掲げる範囲について同表の下欄（編注・右欄）に掲げる時間以上行うものとする。

科　　　目	範　　　囲	時　間
産業用ロボットに関する知識	産業用ロボットの種類，各部の機能及び取扱いの方法	2時間
産業用ロボットの教示等の作業に関する知識	教示等の作業の方法　教示等の作業の危険性　関連する機械等との連動の方法	4時間
関係法令	法，令及び安衛則中の関係条項	1時間

③　第1項の実技教育は，次の各号に掲げる科目について，当該各号に掲げる時間以上行うものとする。

1　産業用ロボットの操作の方法　1時間

2　産業用ロボットの教示等の作業の方法　2時間

（産業用ロボットの検査等の業務に係る特別教育）

第19条　安衛則第36条第32号に掲げる業務に係る特別教育は，学科教育及び実技教育により行うものとする。

②　前項の学科教育は，次の表の上欄（編注・左欄）に掲げる科目に応じ，それぞれ，同表の中欄に掲げる範囲について同表の下欄（編注・右欄）に掲げる時間以上行うものとする。

科　　目	範　　囲	時　間
産業用ロボットに関する知識	産業用ロボットの種類，制御方式，駆動方式，各部の構造及び機能並びに取扱いの方法　制御部品の種類及び特性	4時間
産業用ロボットの検査等の作業に関する知識	検査等の作業の方法　検査等の作業の危険性　関連する機械等との連動の方法	4時間
関係法令	法，令及び安衛則中の関係条項	1時間

③　第1項の実技教育は，次の各号に掲げる科目について，当該各号に掲げる時間以上行うものとする。

1　産業用ロボットの操作の方法　1時間

2　産業用ロボットの検査等の作業の方法　3時間

2．労働安全衛生規則第36条第31号の規定に基づき厚生労働大臣が定める機械を定める告示（産業用ロボットの範囲）

昭和58年6月25日　労働省告示第51号
最新改正　平成12年12月25日　労働省告示第120号

労働安全衛生規則第36条第31号の厚生労働大臣が定める機械は，次のとおりとする。

1　定格出力（駆動用原動機を2以上有するものにあつては，それぞれの定格出力のうち最大のもの）が80ワット以下の駆動用原動機を有する機械

2　固定シーケンス制御装置の情報に基づきマニプレータの伸縮，上下移動，左右移動又は旋回の動作のうちいずれか一つの動作の単調な繰り返しを行う機械

3　前二号に掲げる機械のほか，当該機械の構造，性能等からみて当該機械に接触することによる労働者の危険が生ずるおそれがないと厚生労働省労働基準局長が認めた機械

附　則（平成12年12月25日　労働省告示第120号）

（適用期日）

第1　この告示は，内閣法の一部を改正する法律（平成12年法律第88号）の施行の日（平成13年1月6日）から適用する。

（経過措置）

第2　検査員等の資格等に関する規程第6条第1項及び第6条の2，平成4年労働省告示第12号第3号並びに平成4年労働省告示第13号第3号の規定の適用については，この告示の適用前に労働省においてこれらの規定に規定する業務又は職務に従事した経験又は期間は，それぞれ厚生労働省においてこれらの規定に規定する業務又は職務に

従事した経験又は期間ととみなす。

第 3　この告示による改正前の昭和35年労働省告示第10号様式第36号の適用事業場臨検証及び様式第37号の診療録検査証並びに昭和51年労働省告示第112号様式第11号の立入検査証明書は，当分の間，それぞれ改正後の昭和35年労働省告示第10号様式第36号の適用事業場臨検証及び第37号の診療録検査証並びに昭和51年労働省告示第112号様式第11号の立入検査証明書とみなす。

第 4　この告示の適用の際限に提出されているこの告示による改正前のそれぞれの告示に定める様式による申請書等は，この告示による改正前後のそれぞれの告示に定める相当様式による申請書等とみなす。

第 5　この告示の適用の際，現に存するこの告示による改正前のそれぞれの告示に定める様式による申請書等の用紙は，当分の間，必要な改定をした上，使用することができる。

付録5　産業用ロボットの使用等の安全基準
　　　に関する技術上の指針

（昭和58年9月1日　技術上の指針公示第13号）

1　総則

1－1　趣旨

　この指針は，産業用ロボットの使用時における産業用ロボットとの接触等による災害を防止するため，産業用ロボットの選定，設置，使用等に関する留意事項について定めたものである。

1－2　定義

　この指針において，次の各号に掲げる用語の意義は，それぞれ当該各号に定めるところによる。

(1)　産業用ロボット　労働安全衛生規則第36条第31号に規定する産業用ロボットをいう。

(2)　マニプレータ　人間の上肢に類似した機能を有し，次のいずれかの作業を行うことができるものをいう。

　イ　その先端部に当たるメカニカルハンド（人間の手に相当する部分），吸着器等により物体を把持し，空間的に移動させる作業

　ロ　その先端部に取り付けられた塗装用スプレーガン，溶接用トーチ等の工具による塗装，溶接等の作業

(3)　可動範囲　記憶装置の情報に基づきマニプレータその他の産業用ロボットの各部（マニプレータの先端部に取り付けられた工具を含む。）が構造上動きうる最大の範囲をいう。ただし，この構造上動きうる最大の範囲内に電気的又は機械的ストッパーがある場合は，当該ストッパーによりマニプレータその他の産業用ロボットの各部が作動できない範囲を除く。

(4)　教示等　産業用ロボットのマニプレータの動作の順序，位置又は速度の設定，変更又は確認をいう。

(5)　検査等　産業用ロボットの検査,修理,調整（教示等に該当するものを除く。），掃除若しくは給油又はこれらの結果の確認をいう。

1－3　適用除外

　固定シーケンス型ロボットについては，この指針中2－1－2の(1)のイ及びロ並びに2－1－4の(2)のイ及びロの規定は，適用しない。

2　選定

事業者は，産業用ロボットの選定に当たっては，次の事項について留意すること。

2－1　構造

産業用ロボットの構造は，次の事項に適合するものであるとともに，設計及び計画段階において，日本工業規格B8433（産業用ロボットの安全通則）の4に定める安全防護の措置が施されているものであること。

2－1－1　非常停止装置

異常時に直ちに運転を停止することができる装置（以下「非常停止装置」という。）が備えられていること。

2－1－2　安全機能

(1)　産業用ロボットとの接触による危険を防止するため，次の機能を有すること。

　イ　運転状態を教示の状態に切り替えた場合に，マニプレータの作動速度が自動的に低下すること。

　ロ　マニプレータの出力を調整できるものにあっては，運転状態を教示の状態に切り替えた場合に，当該出力が自動的に低下すること。

　ハ　次の場合に，労働者に危険が生ずるおそれのない状態で自動的に運転を停止すること。

　　(イ)　油圧，空圧又は電圧の変動により誤作動のおそれが生じた場合

　　(ロ)　停電等により駆動源が遮断された場合

　　(ハ)　関連機器に故障が発生した場合

　　(ニ)　制御装置に異常が発生した場合

　ニ　非常停止装置又はハの機能の作動により運転を停止した場合に，人が再起動操作をしなければ運転を開始しないこと。

(2)　労働者等が接触することによりマニプレータに衝撃力が加わった場合に，自動的に運転を停止する機能を有することが望ましいこと。

2－1－3　把持部

把持部は，非常停止装置又は2－1－2の(1)のハの機能の作動により運転を停止する場合において，把持した物の落下又は放出により労働者に危険を及ぼすおそれがあるときは，当該把持した物を安定して把持し続けるものであること。

2－1－4　操作盤

(1)　共通事項

　イ　操作盤上の次の機能を有するスイッチには，当該スイッチの機能がわかりやすく表示されていること。

　㋑　電源の入・切

　㋺　油圧又は空圧源の入・切

　㋩　起動・停止

　㊁　運転状態（自動，手動，教示，確認等）の切替え

　㋭　マニプレータの作動速度の設定

　㋬　マニプレータの作動

　㋣　非常停止装置の作動

ロ　操作しやすい位置に，赤色で，かつ，操作しやすい構造の非常停止装置用
のスイッチが備えられていること。

ハ　非常停止装置用のスイッチの周囲には，誤操作による危険が生じるおそれ
のある他のスイッチが備えられていないこと。

(2)　固定型操作盤

イ　自動・手動の運転状態の切替えスイッチが備えられていること。

ロ　教示又は確認の運転状態（手動運転状態に限る。）へ切り替えるためのス
イッチを有する固定型操作盤にあっては，当該運転状態であることを示すこ
とができるランプ等が備えられていること。

ハ　自動運転状態であることを示すことができるランプ等が備えられているこ
と。

ニ　接地用端子が設けられていること。

ホ　非常停止装置用のスイッチ以外のスイッチは，作業者の意図しない接触等
による産業用ロボットの不意の作動を防止するため，覆い等を備え，又は埋
頭型であること。

(3)　可搬型操作盤

イ　可搬型操作盤により産業用ロボットを操作している間は，当該操作盤以外
の機器により当該作業用ロボットの操作（非常停止装置の操作を除く。）を
行うことができない構造のものであること。

ロ　教示運転の状態において使用するマニプレータを作動させるためのスイッ
チは，当該スイッチから手を離した場合に，自動的に当該産業用ロボットが
運転を停止する構造のものであること。

ハ　可搬型操作盤に接続する移動電線は，その損傷による危険を防止するため
に必要な強度及び耐摩耗性を有すること。

2－1－5　入出力端子

次の端子が設けられているものであること。

(1)　産業用ロボットが非常停止装置又は2－1－2の(1)のハの機能の作動により

運転を停止した場合に，停止状態であることを表示させるための信号及び関連
機器の運転を停止させるための信号を出力することができる端子
　⑵　関連機器が故障した場合に，産業用ロボットの運転を停止させるための信号
　　を入力することができる端子
　⑶　3－1の⑸のスイッチからの非常停止装置を作動させるための信号を入力す
　　ることができる端子
2－1－6　教示等の作業性
　　教示等及び検査等の作業が容易に，かつ，安全に行えるものであること。
2－1－7　外面の突起部等
　　産業用ロボットの外面には，使用上必要な部分を除き，突起部，鋭い角，歯車
　の露出部等危険な部分がないこと。
2－1－8　駆動用シリンダーの残圧の開放
　　空気によって駆動される産業用ロボットにあっては，駆動用シリンダー内の残
　圧を容易に，かつ，安全に開放できる構造のものであること。
2－1－9　マニプレータの作動方向の表示
　　マニプレータの関節部等に当該マニプレータの作動方向を表示することができ
　る産業用ロボットにあっては，その作動方向が，操作盤上の当該マニプレータを
　作動させるためのスイッチの表示と対応して，当該関節部等に表示されているも
　のであること。
2－2　設置場所の環境条件への適合
　⑴　産業用ロボットの誤作動を防止するため，設置場所の温度，湿度，粉じん濃度，
　　振動の程度等の環境条件に適合する性能を有すること。
　⑵　引火性の物の蒸気，可燃性ガス又は可燃性の粉じんが爆発の危険のある濃度に
　　達するおそれのある場所において使用する場合にあっては，当該蒸気，ガス又は
　　粉じんに対しその種類に応じた防爆性能を有すること。
2－3　表示
　　産業用ロボットの見やすい箇所に次の事項が表示されていること。
　イ　製造者名
　ロ　製造年月
　ハ　型　式
　ニ　駆動用原動機の定格出力
2－4　取扱説明書等
　　次の事項を取扱説明書等により確認すること。
　イ　型　式

ロ　構造（主要な部品名を含む。）及び作動原理（制御方式，駆動方式等）

ハ　駆動用原動機の定格出力

ニ　定格可搬重量

ホ　自動運転中のマニプレータの先端部の最大作動速度及び教示運転中のマニプ
　　レータの先端部の作動速度

ヘ　マニプレータの最大の力又は力のモーメント及び教示運転中のマニプレータの
　　力又は力のモーメント

ト　可動範囲

チ　油圧，空圧及び電圧の許容変動範囲

リ　騒音レベル

ヌ　安全機能の種類及び性能

ル　設置の方法及び設置時における安全上の留意事項

ヲ　運搬の方法及び運搬時における安全上の留意事項

ワ　自動運転時（起動時及び異常発生時を含む。）における安全上の留意事項

カ　教示等の作業の方法及び当該作業を行う場合の安全上の留意事項

ヨ　検査，補修，調整，掃除及び給油並びにこれらの結果の確認の作業の方法並び
　　にこれらの作業を行う場合の安全上の留意事項（当該作業を行うために必要な作
　　業空間の確保を含む。）

タ　作業開始前点検及び定期検査の項目，方法，判定基準及び実施時期

3　設置

事業者は，産業用ロボットの設置に当たっては，次の事項について留意すること。

3－1　配置等

(1)　産業用ロボットに係る作業を安全に行うために必要な作業空間が確保できるよ
　　うに配置すること。

(2)　固定型操作盤は，可動範囲外であって，かつ，操作者が産業用ロボットの作動
　　を見渡せる位置に設置すること。

(3)　圧力計，油圧計その他の計器は，見やすい箇所に設けること。

(4)　電気配線及び油・空圧配管は，マニプレータ，工具等による損傷を受けるおそ
　　れのないようにすること。

(5)　非常の際に非常停止装置を有効に作動させることができるようにするため，非
　　常停止装置用のスイッチを操作盤以外の箇所に必要に応じて設けること。

(6)　産業用ロボットが非常停止装置及び2－1－2の(1)のハの機能の作動により運
　　転を停止したことを示すことができるランプ等を，見やすい位置に設けること。

３−２　ストッパー

ストッパーを設ける場合は，次の事項に適合するものとすること。

(1)　機械的ストッパーは，十分な強度を有すること。

(2)　電気的ストッパーの作動回路は，産業用ロボットのプログラムによる制御回路とは独立したものであること。

３−３　作動の確認

産業用ロボットを設置した場合は，当該産業用ロボットの作動，関連機器との連動状況及びストッパーの機能について異常がないことを確認すること。

4　使用

事業者は，産業用ロボットの使用に当たっては，次の措置を講ずること。

４−１　接触防止装置

運転中の産業用ロボットに労働者が接触することによる危険を防止するため，作業現場の状況，作業形態等を勘案して次のいずれかの措置又はこれらと同等以上の措置を講ずること。ただし，４−２の作業を行う場合であって，４−２の措置を講ずるときは，この限りでないこと。

４−１−１　さく又は囲い

次に定めるところにより，さく又は囲いを可動範囲の外側に設けること。

(1)　出入口以外の箇所から労働者が可動範囲内に容易に侵入できない構造とすること。

(2)　出入口を設ける場合にあっては，次のいずれかの措置を講ずること。

イ　出入口に扉等を設け，又はロープ，鎖等を張り，かつ，これらを開け，又は外した場合に非常停止装置が自動的に作動する機能(インターロック機能)を有する安全プラグ等を設置すること。

ロ　出入口に４−１−２の光線式安全装置又は安全マットを設けること。

ハ　出入口に運転中立入禁止の旨の表示を行い，かつ，労働者にその趣旨の徹底を図ること。

４−１−２　光線式安全装置

次の事項に適合する光線式安全装置を設けること。

(1)　可動範囲に労働者が接近したことを検知した場合に，非常停止装置を直ちに作動させることができること。

(2)　光軸は，労働者の可動範囲内への立入りを検知するために必要な数を有すること。

(3)　投光器から照射される光線以外の光線に受光器が感応しないようにするための措置を講ずること。

4－1－3　ロープ又は鎖

次に定めるところにより，ロープ又は鎖を可動範囲の外側に張ること。

(1)　支柱は，容易に動かないものとすること。

(2)　周囲から容易に識別できるものとすること。

(3)　見やすい位置に運転中立入禁止の旨の表示を行い，かつ，労働者にその趣旨の徹底を図ること。

(4)　出入口を定め，4－1－1の(2)のイからハまでのいずれかの措置を講ずること。

4－1－4　監視人

(1)　監視人を配置し，運転中に産業用ロボットの可動範囲内に労働者を立ち入らせないようにさせること。

(2)　監視人を可動範囲外であって，かつ，産業用ロボットの作動を見渡せる位置に配置すること。

(3)　監視人に必要な権限を与え，かつ，監視の職務に専念させること。

4－2　可動範囲内における作業に係る措置

事業者は，教示等又は検査等の作業を可動範囲内で行う場合（可動範囲外の労働者に可動範囲内の労働者と共同して当該作業を行わせる場合を含む。）にあっては，次の措置を講ずること。ただし，駆動源を遮断して行う教示等の作業又は運転を停止して行う検査等の作業については，4－2－1及び4－2－3の規定は適用しないこと。

4－2－1　作業規程

(1)　次の事項について規程を定め，これにより作業を行わせること。

イ　起動方法，スイッチの取扱い方法等作業において必要となる産業用ロボットの操作の方法及び手順

ロ　教示等の作業を行う場合にあっては，当該作業中のマニプレータの速度

ハ　複数の労働者に作業を行わせる場合における合図の方法

ニ　異常時に作業者がとるべき異常の内容に応じた措置

ホ　非常停止装置等が作動し産業用ロボットの運転が停止した後，これを再起動させるために必要な異常事態の解除の確認，安全の確認等の措置

ヘ　イからホまでの事項のほか産業用ロボットの不意の作動による危険又は産業用ロボットの誤操作による危険を防止するために必要な事項であって次に掲げるもの

(イ)　4－2－2及び4－2－3の措置の内容

(ロ)　作業を行う位置，姿勢等

　㈢　ノイズによる誤作動の防止対策

　㈣　関連機器の操作者との合図の方法

　㈤　異常の種類及び判別法

⑵　作業規程は，産業用ロボットの種類，設置場所，作業内容等に応じた適切な
　ものとすること。

⑶　作業規程の作成に当たっては，関係労働者，メーカーの技術者，労働安全コ
　ンサルタント等の意見を求めるように努めること。

4－2－2　操作盤への表示

　作業中は，当該作業に従事している労働者以外の者が起動スイッチ，切替えス
イッチ等を不用意に操作することを防止するため，当該スイッチ等に作業中であ
る旨のわかりやすい表示をし，又は操作盤のカバーに施錠する等の措置を講ずる
こと。

4－2－3　可動範囲内で作業を行う者の安全を確保するための措置

　可動範囲内で作業を行うときは，異常時に直ちに産業用ロボットの運転を停止
することができるよう次のいずれかの措置又はこれらと同等以上の措置を講ずる
こと。ただし，産業用ロボットの可動部分全体の作動状態を作業者が把握できな
い状態で作業を行う場合は，⑴の措置を講ずることが望ましいこと。

⑴　必要な権限を有する監視人を可動範囲外であって，かつ，産業用ロボットの
　作動を見渡せる位置に配置し，監視の職務に専念させ，次の事項を行わせるこ
　と。

　イ　異常の際に直ちに非常停止装置を作動させること。

　ロ　作業に従事する労働者以外の者を可動範囲内に立ち入らせないようにする
　　こと。

⑵　非常停止装置用のスイッチを可動範囲内で作業を行う者に保持させること。

⑶　2－1－4の⑶のイ及びロの構造を有する可搬型操作盤を用いて作業を行わ
　せること。

4－2－4　教示等の作業開始前の点検

⑴　教示等の作業を開始する前に，次の事項について点検し，異常を認めたとき
　は，直ちに補修その他必要な措置を講ずること。

　イ　外部電線の被覆又は外装の損傷の有無

　ロ　マニプレータの作動の異常の有無

　ハ　制動装置及び非常停止装置の機能

　ニ　配管からの空気又は油漏れの有無

⑵　⑴のイの点検は，運転を停止して行うこと。

⑶　⑴のロ及びハの点検は，可動範囲外で行うこと。

4－2－5　作業工具の掃除等の措置

溶接ガン，塗装用ノズル等の作業工具を先端部に有する産業用ロボットであって，当該作業工具の掃除等を行う必要があるものについては，当該掃除等が自動的に行われるようにすることにより，可動範囲内へ立ち入る機会をできるだけ少なくすることが望ましいこと。

4－2－6　残圧の開放

空圧系統部分の分解，部品交換等の作業を行うときは，あらかじめ駆動用シリンダー内の残圧を開放すること。

4－2－7　確認運転

確認運転は，できる限り可動範囲外で行うこと。

4－2－8　照度

作業を安全に行うために必要な照度を保持すること。

4－3　自動運転を行うときの措置

4－3－1　起動時の措置

産業用ロボットを起動させるときは，あらかじめ次の事項を確認するとともに，一定の合図を定め，関係労働者に対し合図を行うこと。

イ　可動範囲内に人がいないこと。

ロ　可搬型操作盤，工具等が所定の位置にあること。

ハ　産業用ロボット又は関連機器の異常を示すランプ等による表示がないこと。

4－3－2　自動運転時及び異常発生時の措置

⑴　産業用ロボットの起動後，ランプ等による自動運転中であることを示す表示がなされていることを確認すること。

⑵　産業用ロボット又は関連機器に異常が発生した場合において，応急措置等を行うため可動範囲内に立ち入るときは，当該立入りの前に，非常停止装置を作動させる等により産業用ロボットの運転を停止させ，かつ，安全プラグを携帯し，起動スイッチに作業中である旨を表示する等当該応急措置等を行う労働者以外の者が産業用ロボットを操作することを防止するための措置を講ずること。

4－4　把持した物の飛来等の防止

把持した物，加工物等が飛来すること，落下すること等により労働者に危険を及ぼすおそれのあるときは，当該危険を防止するため，飛来するおそれのある物の大きさ，重量，温度，化学的性質等を勘案し，適切な防護措置を講ずること。

5　定期検査等

事業者は，次に定めるところにより，産業用ロボットについて定期検査等を行うこと。

5-1　作業開始前点検

(1)　産業用ロボットを用いて作業を行うときは，その日の作業を開始する前に，次の事項について点検を行うこと。

　　イ　制動装置の機能

　　ロ　非常停止装置の機能

　　ハ　4-1の接触防止のための設備と産業用ロボットとのインターロックの機能

　　ニ　関連機器と産業用ロボットとのインターロックの機能

　　ホ　外部電線，配管等の損傷の有無

　　ヘ　供給電圧，供給油圧及び供給空圧の異常の有無

　　ト　作動の異常の有無

　　チ　異常音及び異常振動の有無

　　リ　4-1の接触防止のための設備の状態

(2)　点検は，可能な限り可動範囲外で行うこと。

5-2　定期検査

次の事項について，産業用ロボットの設置場所，使用頻度，部品の耐久性等を勘案し，検査項目，検査方法，判定基準，実施時期等の検査基準を定め，これにより検査を行うこと。

　　イ　主要部品のボルトのゆるみの有無

　　ロ　可動部分の潤滑状態その他可動部分に係る異常の有無

　　ハ　動力伝達部分の異常の有無

　　ニ　油圧及び空圧系統の異常の有無

　　ホ　電気系統の異常の有無

　　ヘ　作動の異常を検出する機能の異常の有無

　　ト　エンコーダの異常の有無

　　チ　サーボ系統の異常の有無

　　リ　ストッパーの異常の有無

5-3　補修等

作業開始前点検又は定期検査を行った場合に異常を認めたときは，直ちに補修その他必要な措置を講ずること。

5-4　記録

定期検査又は補修等を行ったときは，その内容を記録し，3年以上保存すること。

6　教育

事業者は，労働安全衛生法第59条及び関係省令等に定めるところを含め，次に定めるところにより，産業用ロボットの関係業務に従事させる労働者に対し，必要な教育を実施すること。

6－1　教育の内容

教育は，学科教育及び実技教育によって行うものとし，当該労働者が従事する作業に適した内容及び時間数とすること。

6－2　教育の担当者

教育の担当者は，産業用ロボットに関する知識及び作業についての経験を有する者とし，必要に応じてメーカーの技術者，労働安全コンサルタント等専門知識を有する者を活用すること。

6－3　異常時の措置についての教育

実技教育には，産業用ロボットに異常が発生した場合にとるべき措置を含めること。

6－4　記録

教育を行ったときは，受講者，科目等教育内容について記録し，3年以上保存すること。

7　その他

7－1　磁気テープ等の管理

(1)　事業者は，産業用ロボットの作動プログラムが記憶されている磁気テープ，フロッピーディスク，せん孔テープ等（以下「磁気テープ等」という。）又はその容器に当該プログラムの内容を表示すること等により，磁気テープ等に係る選択誤りを防止するための措置を講ずること。

(2)　事業者は，ほこり，湿度，磁力線等の影響を受けることにより誤作動につながらないように磁気テープ等を管理すること。

付録6　機能安全による機械等に係る安全確保に関する技術上の指針

(平成28年9月26日 厚生労働省告示第353号)

1　総則

1-1　趣旨

　指針は，近年，電気・電子技術やコンピュータ技術の進歩に伴い，これらの技術を活用することにより，機械，器具その他の設備（以下「機械等」という。）に対して高度かつ信頼性の高い制御が可能となってきている中で，従来の機械式の安全装置等に加え，新たに制御の機能を付加することによって，機械等の安全を確保する方策が広く利用されるようになっていることを踏まえ，危険性又は有害性等の調査等に関する指針（平成18年危険性又は有害性等の調査等に関する指針公示第1号）及び機械の包括的な安全基準に関する指針（平成19年7月31日付け基発第0731001号厚生労働省労働基準局長通達。以下「包括指針」という。）と相まって，従来の機械式の安全装置等に加え，新たに制御の機能を付加することによって機械等の安全を確保するための必要な基準等について規定したものである。

1-2　適用

　本指針に示す事項は，新たに機械等に電気・電子・プログラマブル電子制御（以下「電子等制御」という。）の機能を付加することにより，当該機械等による労働者の就業に係る負傷又は疾病の重篤度及び発生の可能性の度合い（以下「リスク」という。）を低減するための措置（以下「機能安全」という。）及びその決定方法を対象とする。

2　機能安全に係る実施事項

2-1　実施内容

　機械等を製造する者（以下「製造者」という。）は，機能安全に係る実施事項として次に掲げる事項を実施すること。

(1)　機械等による労働者の就業に係る危険性又は有害性を特定した上で，それによるリスクを低減するために要求される電子等制御の機能（以下「要求安全機能」という。）を特定すること。

(2)　要求安全機能を実行する電子等制御のシステム（以下「安全関連システム」という。）に要求される信頼性の水準（以下「要求安全度水準」という。）を決定すること。

(3)　安全関連システムが要求安全度水準を満たすために求められる事項を決定し，

それに従って機械等を製造すること。

2－2　要求安全機能及び要求安全度水準の内容

(1)　要求安全機能には，機械等による労働者の就業に係る危険性又は有害性の結果として労働者に就業上の負傷又は疾病を生じさせる事象（以下「危険事象」という。）を防止するための機能及び危険事象によって生じる被害を緩和する機能が含まれること。

(2)　要求安全度水準は，要求安全機能の作動が要求された時に，安全関連システムが当該要求安全機能を作動させることができない確率であり，その水準を表す指標として，国際電気標準会議の規格61508の安全度水準又は国際標準化機構の規格13849のパフォーマンスレベルが用いられること。

2－3　実施に当たっての留意事項

製造者は，機能安全に係る実施事項を適切に実施するために，次に掲げる事項に留意すること。

(1)　安全関連システムには，検出部（センサー）等の入力部，論理処理部及びアクチュエータ等の出力部が含まれるものであり，機械等の運転制御のためのシステムから独立していることが望ましいこと。

(2)　安全度水準又はパフォーマンスレベルについては，国際電気標準会議の規格61508若しくは国際標準化機構の規格13849の基準又はこれらと同等以上の基準に適合するものとすること。

(3)　機能安全を含む機械等の設計等を行う者に対して，必要な教育を実施するものとすること。

3　要求安全度水準の決定

3－1　危険性又は有害性及び危険事象の特定

製造者は，機械等における機能安全を適切に実現するため，リスクを解析することにより，労働者の就業に係る危険性又は有害性を特定し，その結果として発生する危険事象を特定すること。

3－2　要求安全機能及び安全関連システムの特定

(1)　製造者は，特定された危険事象を防止するために必要な要求安全機能を特定すること。

(2)　製造者は，要求安全機能を実現するために必要な安全関連システムを特定すること。

3－3　要求安全度水準の決定

(1)　製造者は，労働者が危険性又は有害性にさらされる頻度，生ずる負傷又は疾病の重篤度，危険事象を回避する可能性，要求安全機能の作動が求められる頻度等

を用いた定性的評価によって要求安全度水準の決定を行うこと（別紙 1（略）から別紙 3（略）まで）。ただし，個別の機械等に関する日本産業規格又は国際規格において，安全関連システムの要求安全度水準が指定されている場合は，それに従って要求安全度水準を決定することができること。

(2)　要求安全度水準は，要求安全機能の作動が求められる頻度（以下「作動要求モード」という。）により，その基準値が異なるため，製造者は，要求安全機能ごとに，作動要求モードを適切に決定する必要があること（別紙 4（略））。

3 - 4　要求安全度水準の決定に当たっての留意事項

製造者は，要求安全度水準を適切に決定するため，次に掲げる事項に留意すること。

(1)　要求安全度水準の評価尺度である危険性又は有害性にさらされる頻度，負傷又は疾病の重篤度等について客観的な評価を行うため，複数の担当者により評価を実施すること。

(2)　要求安全度水準の決定には，機械等の設置場所等の機械等の使用条件に関する情報が必要であるため，包括指針を踏まえ，機械等の使用者と製造者が連携して要求安全度水準を決定すること。ただし，大量に生産される同一型式の機械等については，あらかじめ機械等の使用条件に関する情報を得ることは困難であるため，一定の使用条件を仮定してリスクを解析し，機械等の取扱説明書等により使用条件の制限やメンテナンス頻度の指定等を行うこと。

(3)　リスクの解析の実施に当たっては，故障モード影響分析（FMEA）やハザード・オペレーション分析（HAZOP），フォールトツリー解析（FTA）等の手法を実施するものとし，安全関連システムの故障のみならず，予見可能な機械等の誤使用（ヒューマンエラー）を含めて解析を行うこと。

(4)　負傷又は疾病の重篤度については，負傷や疾病の程度に加え，被災する者の人数も含めた指標とすること（別紙 1（略））。

(5)　作動要求モードの決定に当たっては，以下の事項に留意すること。

ア　機械式の安全弁の故障時に作動する燃料遮断リミッターのように，機械式の安全装置の故障によって作動が求められる安全関連システムには，低頻度の作動要求モードを適用するのが妥当であること。

イ　非常停止ボタンのように，使用頻度が 1 年に 1 回を下回ることが想定される安全関連システムについても同様であるが，非常停止ボタンの安全関連システムが運転用の制御システムから独立していない場合は，高頻度の作動要求モードの適用が妥当であること。

ウ　その他の保護停止装置（プレス機械の光線式安全装置等）の安全関連システ

ムについては，一般的に，高頻度の作動要求モードの適用が妥当であること。

4　要求安全度水準に適合するために設計上求められる事項の決定等

4－1　数値計算による要求安全度水準への適合

(1)　要求安全度水準のうち，安全度水準については，危険事象に至る安全関連システムの故障（以下「危険側故障」という。）の確率（以下「危険側故障確率」という。）で表され，概念的には，安全関連システムが機能していない時間を安全関連システムが機能している時間で除したもの等であり，平均危険側故障確率（検知できる危険側故障に係る確率（λDD）及び検知できない危険側故障に係る確率（λDU）），検査間隔（proof test interval），平均修理時間（MTTR）及び共通原因故障（CCF）によって計算されること。

(2)　製造者は，要求安全度水準を達成できるよう，安全関連システムの多重化による共通原因故障の低減，自動的な診断等による検知できない危険側故障に係る確率の低減，検査間隔の短縮等を安全関連システムに設計上求められる事項（以下「要求事項」という。）として定め，これらに基づいて機械等を製造すること（別紙5（略））。

4－2　要件の組み合わせによる要求安全度水準への適合

(1)　要求安全度水準のうち，パフォーマンスレベルについては，安全関連システムの構造等に係る要件（以下「カテゴリ」という。），平均危険側故障時間（MTTFd），平均診断範囲（DCavg）及び共通原因故障の組み合わせによって決定されること。

(2)　製造者は，要求されるパフォーマンスレベルを達成できるよう，カテゴリ，平均危険側故障時間，平均診断範囲，共通原因故障等を要求事項として定め，これらに基づいて機械等を製造すること（別紙6（略））。

4－3　要求事項の決定に当たっての留意事項

製造者は，要求事項を適切に決定するため，次に掲げる事項に留意すること。

(1)　機械等の使用者と連携し，機械等を含む設備全体のリスクを低減するための対策を検討する場合，危険側故障確率の低減だけではなく，運転用の制御システムの信頼性の向上，機械等の誤使用（ヒューマンエラー）を防止するための対策，避難待避方法の検討等，多重的な防護による設備の設計方針に従い安全方策を検討し，それでもなお残るリスクについて，機能安全によるリスクの低減を図ることが望ましいこと。

(2)　機能安全によるリスクの低減を図る場合，包括指針の本質的安全設計方策等を踏まえ，機械等の構造要件等を優先して検討することが望ましいこと。

(3)　機械等を譲渡又は貸与する者に対し，包括指針別表第5の使用上の情報に加え，危険事象を特定するための前提となる機械等の使用条件等に関する情報も提

供すること。

(4)　特定の要求安全機能について要求安全度水準を実現できたことにより，他の要
　　求安全機能の要求安全度水準を低下させないこと。

5　記録

　製造者は，製造した機械等に関する機能安全に係る実施事項について，次の事項を
記録し，保管すること。

(1)　リスクの解析により特定された要求安全機能及び当該要求安全機能を実現する
　　安全関連システム

(2)　要求安全機能ごとの要求安全度水準

(3)　要求安全機能ごとの要求安全度水準を満たすための要求事項

付録7　危険性又は有害性等の調査等に関する指針

（平成18年3月10日　危険性又は有害性等の調査等に関する指針公示第1号）

1　趣旨等

　生産工程の多様化・複雑化が進展するとともに，新たな機械設備・化学物質が導入されていること等により，労働災害の原因が多様化し，その把握が困難になっている。

　このような現状において，事業場の安全衛生水準の向上を図っていくため，労働安全衛生法（昭和47年法律第57号。以下「法」という。）第28条の2第1項において，労働安全衛生関係法令に規定される最低基準としての危害防止基準を遵守するだけでなく，事業者が自主的に個々の事業場の建設物，設備，原材料，ガス，蒸気，粉じん等による，又は作業行動その他業務に起因する危険性又は有害性等の調査（以下単に「調査」という。）を実施し，その結果に基づいて労働者の危険又は健康障害を防止するため必要な措置を講ずることが事業者の努力義務として規定されたところである。

　本指針は，法第28条の2第2項の規定に基づき，当該措置が各事業場において適切かつ有効に実施されるよう，その基本的な考え方及び実施事項について定め，事業者による自主的な安全衛生活動への取組を促進することを目的とするものである。

　また，本指針を踏まえ，特定の危険性又は有害性の種類等に関する詳細な指針が別途策定されるものとする。詳細な指針には，「化学物質等による労働者の危険又は健康障害を防止するため必要な措置に関する指針」，機械安全に関して厚生労働省労働基準局長の定めるものが含まれる。

　なお，本指針は，「労働安全衛生マネジメントシステムに関する指針」（平成11年労働省告示第53号）に定める危険性又は有害性等の調査及び実施事項の特定の具体的実施事項としても位置付けられるものである。

2　適用

　本指針は，建設物，設備，原材料，ガス，蒸気，粉じん等による，又は作業行動その他業務に起因する危険性又は有害性（以下単に「危険性又は有害性」という。）であって，労働者の就業に係る全てのものを対象とする。

3　実施内容

　事業者は，調査及びその結果に基づく措置（以下「調査等」という。）として，次に掲げる事項を実施するものとする。

　(1)　労働者の就業に係る危険性又は有害性の特定

　(2)　(1)により特定された危険性又は有害性によって生ずるおそれのある負傷又は疾病

の重篤度及び発生する可能性の度合（以下「リスク」という。）の見積り

(3)　(2)の見積りに基づくリスクを低減するための優先度の設定及びリスクを低減する
ための措置（以下「リスク低減措置」という。）内容の検討

(4)　(3)の優先度に対応したリスク低減措置の実施

4　実施体制等

(1)　事業者は，次に掲げる体制で調査等を実施するものとする。

　　ア　総括安全衛生管理者等，事業の実施を統括管理する者（事業場トップ）に調査
等の実施を統括管理させること。

　　イ　事業場の安全管理者，衛生管理者等に調査等の実施を管理させること。

　　ウ　安全衛生委員会等（安全衛生委員会，安全委員会又は衛生委員会をいう。）の
活用等を通じ，労働者を参画させること。

　　エ　調査等の実施に当たっては，作業内容を詳しく把握している職長等に危険性又
は有害性の特定，リスクの見積り，リスク低減措置の検討を行わせるように努め
ること。

　　オ　機械設備等に係る調査等の実施に当たっては，当該機械設備等に専門的な知識
を有する者を参画させるように努めること。

(2)　事業者は，(1)で定める者に対し，調査等を実施するために必要な教育を実施する
ものとする。

5　実施時期

(1)　事業者は，次のアからオまでに掲げる作業等の時期に調査等を行うものとする。

　　ア　建設物を設置し，移転し，変更し，又は解体するとき。

　　イ　設備を新規に採用し，又は変更するとき。

　　ウ　原材料を新規に採用し，又は変更するとき。

　　エ　作業方法又は作業手順を新規に採用し，又は変更するとき。

　　オ　その他，次に掲げる場合等，事業場におけるリスクに変化が生じ，又は生ずる
おそれのあるとき。

　　　(ア)　労働災害が発生した場合であって，過去の調査等の内容に問題がある場合

　　　(イ)　前回の調査等から一定の期間が経過し，機械設備等の経年による劣化，労働
者の入れ替わり等に伴う労働者の安全衛生に係る知識経験の変化，新たな安全
衛生に係る知見の集積等があった場合

(2)　事業者は，(1)のアからエまでに掲げる作業を開始する前に，リスク低減措置を実
施することが必要であることに留意するものとする。

(3)　事業者は，(1)のアからエまでに係る計画を策定するときは，その計画を策定する
ときにおいても調査等を実施することが望ましい。

6　対象の選定

事業者は，次により調査等の実施対象を選定するものとする。

(1)　過去に労働災害が発生した作業，危険な事象が発生した作業等，労働者の就業に係る危険性又は有害性による負傷又は疾病の発生が合理的に予見可能であるものは，調査等の対象とすること。

(2)　(1)のうち，平坦な通路における歩行等，明らかに軽微な負傷又は疾病しかもたらさないと予想されるものについては，調査等の対象から除外して差し支えないこと。

7　情報の入手

(1)　事業者は，調査等の実施に当たり，次に掲げる資料等を入手し，その情報を活用するものとする。入手に当たっては，現場の実態を踏まえ，定常的な作業に係る資料等のみならず，非定常作業に係る資料等も含めるものとする。

　　ア　作業標準，作業手順書等

　　イ　仕様書，化学物質等安全データシート（ＭＳＤＳ）等，使用する機械設備，材料等に係る危険性又は有害性に関する情報

　　ウ　機械設備等のレイアウト等，作業の周辺の環境に関する情報

　　エ　作業環境測定結果等

　　オ　混在作業による危険性等，複数の事業者が同一の場所で作業を実施する状況に関する情報

　　カ　災害事例，災害統計等

　　キ　その他，調査等の実施に当たり参考となる資料等

(2)　事業者は，情報の入手に当たり，次に掲げる事項に留意するものとする。

　　ア　新たな機械設備等を外部から導入しようとする場合には，当該機械設備等のメーカーに対し，当該設備等の設計・製造段階において調査等を実施することを求め，その結果を入手すること。

　　イ　機械設備等の使用又は改造等を行おうとする場合に，自らが当該機械設備等の管理権原を有しないときは，管理権原を有する者等が実施した当該機械設備等に対する調査等の結果を入手すること。

　　ウ　複数の事業者が同一の場所で作業する場合には，混在作業による労働災害を防止するために元方事業者が実施した調査等の結果を入手すること。

　　エ　機械設備等が転倒するおそれがある場所等，危険な場所において，複数の事業者が作業を行う場合には，元方事業者が実施した当該危険な場所に関する調査等の結果を入手すること。

8　危険性又は有害性の特定

(1)　事業者は，作業標準等に基づき，労働者の就業に係る危険性又は有害性を特定するために必要な単位で作業を洗い出した上で，各事業場における機械設備，作業等に応じてあらかじめ定めた危険性又は有害性の分類に則して，各作業における危険性又は有害性を特定するものとする。

(2)　事業者は，(1)の危険性又は有害性の特定に当たり，労働者の疲労等の危険性又は有害性への付加的影響を考慮するものとする。

9　リスクの見積り

(1)　事業者は，リスク低減の優先度を決定するため，次に掲げる方法等により，危険性又は有害性により発生するおそれのある負傷又は疾病の重篤度及びそれらの発生の可能性の度合をそれぞれ考慮して，リスクを見積もるものとする。ただし，化学物質等による疾病については，化学物質等の有害性の度合及びばく露の量をそれぞれ考慮して見積もることができる。

ア　負傷又は疾病の重篤度とそれらが発生する可能性の度合を相対的に尺度化し，それらを縦軸と横軸とし，あらかじめ重篤度及び可能性の度合に応じてリスクが割り付けられた表を使用してリスクを見積もる方法

イ　負傷又は疾病の発生する可能性とその重篤度を一定の尺度によりそれぞれ数値化し，それらを加算又は乗算等してリスクを見積もる方法

ウ　負傷又は疾病の重篤度及びそれらが発生する可能性等を段階的に分岐していくことによりリスクを見積もる方法

(2)　事業者は，(1)の見積りに当たり，次に掲げる事項に留意するものとする。

ア　予想される負傷又は疾病の対象者及び内容を明確に予測すること。

イ　過去に実際に発生した負傷又は疾病の重篤度ではなく，最悪の状況を想定した最も重篤な負傷又は疾病の重篤度を見積もること。

ウ　負傷又は疾病の重篤度は，負傷や疾病等の種類にかかわらず，共通の尺度を使うことが望ましいことから，基本的に，負傷又は疾病による休業日数等を尺度として使用すること。

エ　有害性が立証されていない場合でも，一定の根拠がある場合は，その根拠に基づき，有害性が存在すると仮定して見積もるよう努めること。

(3)　事業者は，(1)の見積りを，事業場の機械設備，作業等の特性に応じ，次に掲げる負傷又は疾病の類型ごとに行うものとする。

ア　はさまれ，墜落等の物理的な作用によるもの

イ　爆発，火災等の化学物質の物理的効果によるもの

ウ　中毒等の化学物質等の有害性によるもの

　　エ　振動障害等の物理因子の有害性によるもの

　　また，その際，次に掲げる事項を考慮すること。

　　ア　安全装置の設置，立入禁止措置その他の労働災害防止のための機能又は方策（以
　　　下「安全機能等」という。）の信頼性及び維持能力

　　イ　安全機能等を無効化する又は無視する可能性

　　ウ　作業手順の逸脱，操作ミスその他の予見可能な意図的・非意図的な誤使用又は
　　　危険行動の可能性

１０　リスク低減措置の検討及び実施

(1)　事業者は，法令に定められた事項がある場合にはそれを必ず実施するとともに，
　　次に掲げる優先順位でリスク低減措置内容を検討の上，実施するものとする。

　　ア　危険な作業の廃止・変更等，設計や計画の段階から労働者の就業に係る危険性
　　　又は有害性を除去又は低減する措置

　　イ　インターロック，局所排気装置等の設置等の工学的対策

　　ウ　マニュアルの整備等の管理的対策

　　エ　個人用保護具の使用

(2)　(1)の検討に当たっては，リスク低減に要する負担がリスク低減による労働災害防
　　止効果と比較して大幅に大きく，両者に著しい不均衡が発生する場合であって，措
　　置を講ずることを求めることが著しく合理性を欠くと考えられるときを除き，可能
　　な限り高い優先順位のリスク低減措置を実施する必要があるものとする。

(3)　なお，死亡，後遺障害又は重篤な疾病をもたらすおそれのあるリスクに対して，
　　適切なリスク低減措置の実施に時間を要する場合は，暫定的な措置を直ちに講ずる
　　ものとする。

１１　記録

　事業者は，次に掲げる事項を記録するものとする。

(1)　洗い出した作業

(2)　特定した危険性又は有害性

(3)　見積もったリスク

(4)　設定したリスク低減措置の優先度

(5)　実施したリスク低減措置の内容

付録8　機械の包括的な安全基準に関する指針

（平成19年7月31日　基発第0731001号）

第1　趣旨等
1　趣旨
　機械による労働災害の一層の防止を図るには，機械を労働者に使用させる事業者において，その使用させる機械に関して，労働安全衛生法（昭和47年法律第57号。以下「法」という。）第28条の2第1項の規定に基づく危険性又は有害性等の調査及びその結果に基づく労働者の危険又は健康障害を防止するため必要な措置が適切かつ有効に実施されるようにする必要がある。

　また，法第3条第2項において，機械その他の設備を設計し，製造し，若しくは輸入する者は，機械が使用されることによる労働災害の発生の防止に資するよう努めなければならないとされているところであり，機械の設計・製造段階においても危険性又は有害性等の調査及びその結果に基づく措置（以下「調査等」という。）が実施されること並びに機械を使用する段階において調査等を適切に実施するため必要な情報が適切に提供されることが重要である。

　このため，機械の設計・製造段階及び使用段階において，機械の安全化を図るため，すべての機械に適用できる包括的な安全確保の方策に関する基準として本指針を定め，機械の製造等を行う者が実施に努めるべき事項を第2に，機械を労働者に使用させる事業者において法第28条の2の調査等が適切かつ有効に実施されるよう，「危険性又は有害性等の調査等に関する指針」（平成18年危険性又は有害性等の調査等に関する指針公示第1号。以下「調査等指針」という。）の1の「機械安全に関して厚生労働省労働基準局長の定める」詳細な指針を第3に示すものである。

2　適用
　本指針は，機械による危険性又は有害性（機械の危険源をいい，以下単に「危険性又は有害性」という。）を対象とし，機械の設計，製造，改造等又は輸入（以下「製造等」という。）を行う者及び機械を労働者に使用させる事業者の実施事項を示す。

3　用語の定義
　本指針において，次の各号に掲げる用語の意義は，それぞれ当該各号に定めるところによる。
　(1)　機械　連結された構成品又は部品の組合せで，そのうちの少なくとも一つは機械
　　　的な作動機構，制御部及び動力部を備えて動くものであって，特に材料の加工，処

理，移動，梱包等の特定の用途に合うように統合されたものをいう。

(2) 保護方策　機械のリスク（危険性又は有害性によって生ずるおそれのある負傷又は疾病の重篤度及び発生する可能性の度合をいう。以下同じ。）の低減（危険性又は有害性の除去を含む。以下同じ。）のための措置をいう。これには，本質的安全設計方策，安全防護，付加保護方策，使用上の情報の提供及び作業の実施体制の整備，作業手順の整備，労働者に対する教育訓練の実施等及び保護具の使用を含む。

(3) 本質的安全設計方策　ガード又は保護装置（機械に取り付けることにより，単独で，又はガードと組み合わせて使用する光線式安全装置，両手操作制御装置等のリスクの低減のための装置をいう。）を使用しないで，機械の設計又は運転特性を変更することによる保護方策をいう。

(4) 安全防護　ガード又は保護装置の使用による保護方策をいう。

(5) 付加保護方策　労働災害に至る緊急事態からの回避等のために行う保護方策（本質的安全設計方策，安全防護及び使用上の情報以外のものに限る。）をいう。

(6) 使用上の情報　安全で，かつ正しい機械の使用を確実にするために，製造等を行う者が，標識，警告表示の貼付，信号装置又は警報装置の設置，取扱説明書等の交付等により提供する指示事項等の情報をいう。

(7) 残留リスク　保護方策を講じた後に残るリスクをいう。

(8) 機械の意図する使用　使用上の情報により示される，製造等を行う者が予定している機械の使用をいい，設定，教示，工程の切替え，運転，そうじ，保守点検等を含むものであること。

(9) 合理的に予見可能な誤使用　製造等を行う者が意図していない機械の使用であって，容易に予見できる人間の挙動から行われるものをいう。

第2　機械の製造等を行う者の実施事項

1　製造等を行う機械の調査等の実施

機械の製造等を行う者は，製造等を行う機械に係る危険性又は有害性等の調査（以下単に「調査」という。）及びその結果に基づく措置として，次に掲げる事項を実施するものとする。

(1) 機械の制限（使用上，空間上及び時間上の限度・範囲をいう。）に関する仕様の指定

(2) 機械に労働者が関わる作業等における危険性又は有害性の同定（機械による危険性又は有害性として例示されている事項の中から同じものを見い出して定めることをいう。）

(3) (2)により同定された危険性又は有害性ごとのリスクの見積り及び適切なリスクの低減が達成されているかどうかの検討

(4)　保護方策の検討及び実施によるリスクの低減

　(1)から(4)までの実施に当たっては，同定されたすべての危険性又は有害性に対して，別図に示すように反復的に実施するものとする。

2　実施時期

　機械の製造等を行う者は，次の時期に調査等を行うものとする。

　ア　機械の設計，製造，改造等を行うとき

　イ　機械を輸入し譲渡又は貸与を行うとき

　ウ　製造等を行った機械による労働災害が発生したとき

　エ　新たな安全衛生に係る知見の集積等があったとき

3　機械の制限に関する仕様の指定

　機械の製造等を行う者は，次に掲げる機械の制限に関する仕様の指定を行うものとする。

　ア　機械の意図する使用，合理的に予見可能な誤使用，労働者の経験，能力等の使用上の制限

　イ　機械の動作，設置，保守点検等に必要とする範囲等の空間上の制限

　ウ　機械，その構成品及び部品の寿命等の時間上の制限

4　危険性又は有害性の同定

　機械の製造等を行う者は，次に掲げる機械に労働者が関わる作業等における危険性又は有害性を，別表第1に例示されている事項を参照する等して同定するものとする。

　ア　機械の製造の作業（機械の輸入を行う場合を除く。）

　イ　機械の意図する使用が行われる作業

　ウ　運搬，設置，試運転等の機械の使用の開始に関する作業

　エ　解体，廃棄等の機械の使用の停止に関する作業

　オ　機械に故障，異常等が発生している状況における作業

　カ　機械の合理的に予見可能な誤使用が行われる作業

　キ　機械を使用する労働者以外の者（合理的に予見可能な者に限る。）が機械の危険性又は有害性に接近すること

5　リスクの見積り等

(1)　機械の製造等を行う者は，4で同定されたそれぞれの危険性又は有害性ごとに，発生するおそれのある負傷又は疾病の重篤度及びそれらの発生の可能性の度合いをそれぞれ考慮して，リスクを見積もり，適切なリスクの低減が達成されているかどうか検討するものとする。

(2)　リスクの見積りに当たっては，それぞれの危険性又は有害性により最も発生するおそれのある負傷又は疾病の重篤度によってリスクを見積もるものとするが，発生

の可能性が低くても予見される最も重篤な負傷又は疾病も配慮するよう留意すること。

6　保護方策の検討及び実施

(1)　機械の製造等を行う者は，3から5までの結果に基づき，法令に定められた事項がある場合はそれを必ず実施するとともに，適切なリスクの低減が達成されていないと判断した危険性又は有害性について，次に掲げる優先順位により，機械に係る保護方策を検討し実施するものとする。

ア　別表第2に定める方法その他適切な方法により本質的安全設計方策を行うこと。

イ　別表第3に定める方法その他適切な方法による安全防護及び別表第4に定める方法その他適切な方法による付加保護方策を行うこと。

ウ　別表第5に定める方法その他適切な方法により，機械を譲渡又は貸与される者に対し，使用上の情報を提供すること。

(2)　(1)の検討に当たっては，本質的安全設計方策，安全防護又は付加保護方策を適切に適用すべきところを使用上の情報で代替してはならないものとする。

また，保護方策を行うときは，新たな危険性又は有害性の発生及びリスクの増加が生じないよう留意し，保護方策を行った結果これらが生じたときは，当該リスクの低減を行うものとする。

7　記録

機械の製造等を行う者は，実施した機械に係る調査等の結果について次の事項を記録し，保管するものとする。

仕様や構成品の変更等によって実際の機械の条件又は状況と記録の内容との間に相異が生じた場合は，速やかに記録を更新すること。

ア　同定した危険性又は有害性

イ　見積もったリスク

ウ　実施した保護方策及び残留リスク

第3　機械を労働者に使用させる事業者の実施事項

1　実施内容

機械を労働者に使用させる事業者は，調査等指針の3の実施内容により，機械に係る調査等を実施するものとする。

この場合において，調査等指針の3(1)は，「機械に労働者が関わる作業等における危険性又は有害性の同定」と読み替えて実施するものとする。

2　実施体制等

機械を労働者に使用させる事業者は，調査等指針の4の実施体制等により機械に係る調査等を実施するものとする。

この場合において，調査等指針の4(1)オは「生産・保全部門の技術者，機械の製造等を行う者等機械に係る専門的な知識を有する者を参画させること。」と読み替えて実施するものとする。

3　実施時期

機械を労働者に使用させる事業者は，調査等指針の5の実施時期の(1)のイからオまで及び(2)により機械に係る調査等を行うものとする。

4　対象の選定

機械を労働者に使用させる事業者は，調査等指針の6により機械に係る調査等の実施対象を選定するものとする。

5　情報入手

機械を労働者に使用させる事業者は，機械に係る調査等の実施に当たり，調査等指針の7により情報を入手し，活用するものとする。

この場合において，調査等指針の7(1)イは「機械の製造等を行う者から提供される意図する使用，残留リスク等別表第5の1に掲げる使用上の情報」と読み替えて実施するものとする。

6　危険性又は有害性の同定

機械を労働者に使用させる事業者は，使用上の情報を確認し，次に掲げる機械に労働者が関わる作業等における危険性又は有害性を，別表第1に例示されている事項を参照する等して同定するものとする。

　ア　機械の意図する使用が行われる作業

　イ　運搬，設置，試運転等の機械の使用の開始に関する作業

　ウ　解体，廃棄等の機械の使用の停止に関する作業

　エ　機械に故障，異常等が発生している状況における作業

　オ　機械の合理的に予見可能な誤使用が行われる作業

　カ　機械を使用する労働者以外の者（合理的に予見可能な場合に限る。）が機械の危険性又は有害性に接近すること

7　リスクの見積り等

　(1)　機械を労働者に使用させる事業者は，6で同定されたそれぞれの危険性又は有害性ごとに，調査等指針の9の(1)のアからウまでに掲げる方法等により，リスクを見積もり，適切なリスクの低減が達成されているかどうか及びリスクの低減の優先度を検討するものとする。

　(2)　機械を労働者に使用させる事業者は，(1)のリスクの見積りに当たり，それぞれの危険性又は有害性により最も発生するおそれのある負傷又は疾病の重篤度によってリスクを見積もるものとするが，発生の可能性が低くても，予見される最も重篤な

負傷又は疾病も配慮するよう留意するものとする。

8 保護方策の検討及び実施

(1) 機械を労働者に使用させる事業者は，使用上の情報及び7の結果に基づき，法令に定められた事項がある場合はそれを必ず実施するとともに，適切なリスクの低減が達成されていないと判断した危険性又は有害性について，次に掲げる優先順位により，機械に係る保護方策を検討し実施するものとする。

　ア　別表第2に定める方法その他適切な方法による本質的安全設計方策のうち，機械への加工物の搬入・搬出又は加工の作業の自動化等可能なものを行うこと。

　イ　別表第3に定める方法その他適切な方法による安全防護及び別表第4に定める方法その他適切な方法による付加保護方策を行うこと。

　ウ　ア及びイの保護方策を実施した後の残留リスクを労働者に伝えるための作業手順の整備，労働者教育の実施等を行うこと。

　エ　必要な場合には個人用保護具を使用させること。

(2) (1)の検討に当たっては，調査等指針の10の(2)及び(3)に留意するものとする。また，保護方策を行う際は，新たな危険性又は有害性の発生及びリスクの増加が生じないよう留意し，保護方策を行った結果これらが生じたときは，当該リスクの低減を行うものとする。

9 記録

機械を労働者に使用させる事業者は，機械に係る調査等の結果について，調査等指針の11の(2)から(4)まで並びに実施した保護方策及び残留リスクについて記録し，使用上の情報とともに保管するものとする。

10 注文時の条件

機械を労働者に使用させる事業者は，別表第2から別表第5までに掲げる事項に配慮した機械を採用するものとし，必要に応じ，注文時の条件にこれら事項を含めるものとする。

また，使用開始後に明らかになった当該機械の安全に関する知見等を製造等を行う者に伝達するものとする。

別表第1　機械の危険性又は有害性

1 機械的な危険性又は有害性
2 電気的な危険性又は有害性
3 熱的な危険性又は有害性
4 騒音による危険性又は有害性
5 振動による危険性又は有害性

6　放射による危険性又は有害性

7　材料及び物質による危険性又は有害性

8　機械の設計時における人間工学原則の無視による危険性又は有害性

9　滑り，つまずき及び墜落の危険性又は有害性

10　危険性又は有害性の組合せ

11　機械が使用される環境に関連する危険性又は有害性

別表第2　本質的安全設計方策

1　労働者が触れるおそれのある箇所に鋭利な端部，角，突起物等がないようにすること。

2　労働者の身体の一部がはさまれることを防止するため，機械の形状，寸法等及び機械の駆動力等を次に定めるところによるものとすること。

　(1)　はさまれるおそれのある部分については，身体の一部が進入できない程度に狭くするか，又ははさまれることがない程度に広くすること。

　(2)　はさまれたときに，身体に被害が生じない程度に駆動力を小さくすること。

　(3)　激突されたときに，身体に被害が生じない程度に運動エネルギーを小さくすること。

3　機械の運動部分が動作する領域に進入せず又は危険性又は有害性に接近せずに，当該領域の外又は危険性又は有害性から離れた位置で作業が行えるようにすること。例えば，機械への加工物の搬入（供給）・搬出（取出し）又は加工等の作業を自動化又は機械化すること。

4　機械の損壊等を防止するため，機械の強度等については，次に定めるところによること。

　(1)　適切な強度計算等により，機械各部に生じる応力を制限すること。

　(2)　安全弁等の過負荷防止機構により，機械各部に生じる応力を制限すること。

　(3)　機械に生じる腐食，経年劣化，摩耗等を考慮して材料を選択すること。

5　機械の転倒等を防止するため，機械自体の運動エネルギー，外部からの力等を考慮し安定性を確すること。

6　感電を防止するため，機械の電気設備には，直接接触及び間接接触に対する感電保護手段を採用すること。

7　騒音，振動，過度の熱の発生がない方法又はこれらを発生源で低減する方法を採用すること。

8　電離放射線，レーザー光線等（以下「放射線等」という。）の放射出力を機械が機能を果たす最低レベルに制限すること。

9　火災又は爆発のおそれのある物質は使用せず又は少量の使用にとどめること。また，可燃性のガス，液体等による火災又は爆発のおそれのあるときは，機械の過熱を防止すること，爆発の可能性のある濃度となることを防止すること，防爆構造電気機械器具を使用すること等の措置を講じること。

10　有害性のない又は少ない物質を使用すること。

11　労働者の身体的負担の軽減，誤操作等の発生の抑止等を図るため，人間工学に基づく配慮を次に定めるところにより行うこと。

　(1)　労働者の身体の大きさ等に応じて機械を調整できるようにし，作業姿勢及び作業動作を労働者に大きな負担のないものとすること。

　(2)　機械の作動の周期及び作業の頻度については，労働者に大きな負担を与えないものとすること。

　(3)　通常の作業環境の照度では十分でないときは，照明設備を設けることにより作業に必要な照度を確保すること。

12　制御システムの不適切な設計等による危害を防止するため，制御システムについては次に定めるところによるものとすること。

　(1)　起動は，制御信号のエネルギーの低い状態から高い状態への移行によること。また，停止は，制御信号のエネルギーの高い状態から低い状態への移行によること。

　(2)　内部動力源の起動又は外部動力源からの動力供給の開始によって運転を開始しないこと。

　(3)　機械の動力源からの動力供給の中断又は保護装置の作動等によって停止したときは，当該機械は，運転可能な状態に復帰した後においても再起動の操作をしなければ運転を開始しないこと。

　(4)　プログラム可能な制御装置にあっては，故意又は過失によるプログラムの変更が容易にできないこと。

　(5)　電磁ノイズ等の電磁妨害による機械の誤動作の防止及び他の機械の誤動作を引き起こすおそれのある不要な電磁エネルギーの放射の防止のための措置が講じられていること。

13　安全上重要な機構や制御システムの故障等による危害を防止するため，当該機構や制御システムの部品及び構成品には信頼性の高いものを使用するとともに，当該機構や制御システムの設計において，非対称故障モードの構成品の使用，構成品の冗長化，自動監視の使用等の方策を考慮すること。

14　誤操作による危害を防止するため，操作装置等については，次に定める措置を講じること。

　(1)　操作部分等については，次に定めるものとすること。

ア 起動，停止，運転制御モードの選択等が容易にできること。

イ 明瞭に識別可能であり，誤認のおそれがある場合等必要に応じて適切な表示が付されていること。

ウ 操作の方向とそれによる機械の運動部分の動作の方向とが一致していること。

エ 操作の量及び操作の抵抗力が，操作により実行される動作の量に対応していること。

オ 危険性又は有害性となる機械の運動部分については，意図的な操作を行わない限り操作できないこと。

カ 操作部分を操作しているときのみ機械の運動部分が動作する機能を有する操作装置については，操作部分から手を放すこと等により操作をやめたときは，機械の運動部分が停止するとともに，当該操作部分が直ちに中立位置に戻ること。

キ キーボードで行う操作のように操作部分と動作との間に一対一の対応がない操作については，実行される動作がディスプレイ等に明確に表示され，必要に応じ，動作が実行される前に操作を解除できること。

ク 保護手袋又は保護靴等の個人用保護具の使用が必要な場合又はその使用が予見可能な場合には，その使用による操作上の制約が考慮されていること。

ケ 非常停止装置等の操作部分は，操作の際に予想される負荷に耐える強度を有すること。

コ 操作が適正に行われるために必要な表示装置が操作位置から明確に視認できる位置に設けられていること。

サ 迅速かつ確実で，安全に操作できる位置に配置されていること。

シ 安全防護を行うべき領域（以下「安全防護領域」という。）内に設けることが必要な非常停止装置，教示ペンダント等の操作装置を除き，当該領域の外に設けられていること。

(2) 起動装置については，次に定めるところによるものとすること。

ア 起動装置を意図的に操作したときに限り，機械の起動が可能であること。

イ 複数の起動装置を有する機械で，複数の労働者が作業に従事したときにいずれかの起動装置の操作により他の労働者に危害が生ずるおそれのあるものについては，一つの起動装置の操作により起動する部分を限定すること等当該危害を防止するための措置が講じられていること。

ウ 安全防護領域に労働者が進入していないことを視認できる位置に設けられていること。視認性が不足する場合には，死角を減らすよう機械の形状を工夫する又は鏡等の間接的に当該領域を視認する手段を設ける等の措置が講じられていること。

(3) 機械の運転制御モードについては，次に定めるところによるものとすること。

　ア　保護方策又は作業手順の異なる複数の運転制御モードで使用される機械については，個々の運転制御モードの位置で固定でき，キースイッチ，パスワード等によって意図しない切換えを防止できるモード切替え装置を備えていること。

　イ　設定，教示，工程の切替え，そうじ，保守点検等のために，ガードを取り外し，又は保護装置を解除して機械を運転するときに使用するモードには，次のすべての機能を備えていること。

　　(ｱ)　選択したモード以外の運転モードが作動しないこと。

　　(ｲ)　危険性又は有害性となる運動部分は，イネーブル装置，ホールド・ツゥ・ラン制御装置又は両手操作制御装置の操作を続けることによってのみ動作できること。

　　(ｳ)　動作を連続して行う必要がある場合，危険性又は有害性となる運動部分の動作は，低速度動作，低駆動力動作，寸動動作又は段階的操作による動作とされていること。

(4) 通常の停止のための装置については，次に定めるところによるものとすること。

　ア　停止命令は，運転命令より優先されること。

　イ　複数の機械を組み合せ，これらを連動して運転する機械にあっては，いずれかの機械を停止させたときに，運転を継続するとリスクの増加を生じるおそれのある他の機械も同時に停止する構造であること。

　ウ　各操作部分に機械の一部又は全部を停止させるためのスイッチが設けられていること。

15　保守点検作業における危害を防止するため次の措置を行うこと。

(1) 機械の部品及び構成品のうち，安全上適切な周期での点検が必要なもの，作業内容に応じて交換しなければならないもの又は摩耗若しくは劣化しやすいものについては，安全かつ容易に保守点検作業が行えるようにすること。

(2) 保守点検作業は，次に定める優先順位により行うことができるようにすること。

　ア　ガードの取外し，保護装置の解除及び安全防護領域への進入をせずに行えるようにすること。

　イ　ガードの取外し若しくは保護装置の解除又は安全防護領域への進入を行う必要があるときは，機械を停止させた状態で行えるようにすること。

　ウ　機械を停止させた状態で行うことができないときは，14の(3)イに定める措置を講じること。

別表第 3　安全防護の方法

1　安全防護は，安全防護領域について，固定式ガード，インターロック付き可動式ガード等のガード又は光線式安全装置，両手操作制御装置等の保護装置を設けることにより行うこと。

2　安全防護領域は次に定める領域を考慮して定めること。

　(1)　機械的な危険性又は有害性となる運動部分が動作する最大の領域（以下「最大動作領域」という。）

　(2)　機械的な危険性又は有害性について，労働者の身体の一部が最大動作領域に進入する場合には，進入する身体の部位に応じ，はさまれ等の危険が生じることを防止するために必要な空間を確保するための領域

　(3)　設置するガードの形状又は保護装置の種類に応じ，当該ガード又は保護装置が有効に機能するために必要な距離を確保するための領域

　(4)　その他，危険性又は有害性に暴露されるような機械周辺の領域

3　ガード又は保護装置の設置は，機械に労働者が関わる作業に応じ，次に定めるところにより行うこと。

　(1)　動力伝導部分に安全防護を行う場合は，固定式ガード又はインターロック付き可動式ガードを設けること。

　(2)　動力伝導部分以外の運動部分に安全防護を行う場合は，次に定めるところによること。

　　ア　機械の正常な運転において，安全防護領域に進入する必要がない場合は，当該安全防護領域の全周囲を固定式ガード，インターロック付き可動式ガード等のガード又は光線式安全装置，圧力検知マット等の身体の一部の進入を検知して機械を停止させる保護装置で囲むこと。

　　イ　機械の正常な運転において，安全防護領域に進入する必要があり，かつ，危険性又は有害性となる運動部分の動作を停止させることにより安全防護を行う場合は，次に定めるところにより行うこと。

　　　(ア)　安全防護領域の周囲のうち労働者の身体の一部が進入するために必要な開口部以外には，固定式ガード，インターロック付き可動式ガード等のガード又は光線式安全装置，圧力検知マット等の身体の一部の進入を検知して機械を停止させる保護装置を設けること。

　　　(イ)　開口部には，インターロック付き可動式ガード，自己閉鎖式ガード等のガード又は光線式安全装置，両手操作制御装置等の保護装置を設けること。

　　　(ウ)　開口部を通って労働者が安全防護領域に全身を進入させることが可能であるときは，当該安全防護領域内の労働者を検知する装置等を設けること。

ウ　機械の正常な運転において，安全防護領域に進入する必要があり，かつ，危険性又は有害性となる運動部分の動作を停止させることにより安全防護を行うことが作業遂行上適切でない場合は，調整式ガード（全体が調整できるか，又は調整可能な部分を組み込んだガードをいう。）等の当該運動部分の露出を最小限とする手段を設けること。

(3)　油，空気等の流体を使用する場合において，ホース内の高圧の流体の噴出等による危害が生ずるおそれのあるときは，ホースの損傷を受けるおそれのある部分にガードを設けること。

(4)　感電のおそれのあるときは，充電部分に囲い又は絶縁覆いを設けること。
　　囲いは，キー若しくは工具を用いなければ又は充電部分を断路しなければ開けることができないものとすること。

(5)　機械の高温又は低温の部分への接触による危害が生ずるおそれのあるときは，当該高温又は低温の部分にガードを設けること。

(6)　騒音又は振動による危害が生ずるおそれのあるときは，音響吸収性の遮蔽板，消音器，弾力性のあるシート等を使用すること等により発生する騒音又は振動を低減すること。

(7)　放射線等による危害が生ずるおそれのあるときは，放射線等が発生する部分を遮蔽すること，外部に漏洩する放射線等の量を低減すること等の措置を講じること。

(8)　有害物質及び粉じん（以下「有害物質等」という。）による危害が生ずるおそれのあるときは，有害物質等の発散源を密閉すること，発散する有害物質等を排気すること等当該有害物質等へのばく露低減化の措置を講じること。

(9)　機械から加工物等が落下又は放出されるおそれのあるときは，当該加工物等を封じ込め又は捕捉する措置を講じること。

4　ガードについては，次によること。

(1)　ガードは，次に定めるところによるものとすること。
　ア　労働者が触れるおそれのある箇所に鋭利な端部，角，突起物等がないこと。
　イ　十分な強度を有し，かつ，容易に腐食，劣化等しない材料を使用すること。
　ウ　開閉の繰返し等に耐えられるようヒンジ部，スライド部等の可動部品及びそれらの取付部は，十分な強度を有し，緩み止め又は脱落防止措置が施されていること。
　エ　溶接等により取り付けるか又は工具を使用しなければ取外しできないようボルト等で固定されていること。

(2)　ガードに製品の通過等のための開口部を設ける場合は，次に定めるところによるものとすること。

　　ア　開口部は最小限の大きさとすること。

　　イ　開口部を通って労働者の身体の一部が最大動作領域に達するおそれがあるとき
　　　は，トンネルガード等の構造物を設けることによって当該労働者の身体の一部が
　　　最大動作領域に達することを防止し，又は3(2)イ(イ)若しくは(ウ)に定めるところに
　　　よること。

(3)　可動式ガードについては，次に定めるところによるものとすること。

　　ア　可動式ガードが完全に閉じていないときは，危険性又は有害性となる運動部分
　　　を動作させることができないこと。

　　イ　可動式ガードを閉じたときに，危険性又は有害性となる運動部分が自動的に動
　　　作を開始しないこと。

　　ウ　ロック機構（危険性又は有害性となる運動部分の動作中はガードが開かないよ
　　　うに固定する機構をいう。以下同じ。）のない可動式ガードは，当該可動ガード
　　　を開けたときに危険性又は有害性となる運動部分が直ちに動作を停止すること。

　　エ　ロック機構付きの可動式ガードは，危険性又は有害性となる運動部分が完全に
　　　動作を停止した後でなければガードを開けることができないこと。

　　オ　危険性又は有害性となる運動部分の動作を停止する操作が行われた後一定時間
　　　を経過しなければガードを開くことができない構造とした可動式ガードにおいて
　　　は，当該一定時間が当該運動部分の動作が停止するまでに要する時間より長く設
　　　定されていること。

　　カ　ロック機構等を容易に無効とすることができないこと。

(4)　調整式ガードは，特殊な工具等を使用することなく調整でき，かつ，特定の運転
　　中は安全防護領域を覆うか又は当該安全防護領域を可能な限り囲うことができるも
　　のとすること。

5　保護装置については，次に定めるところによるものとすること。

(1)　使用の条件に応じた十分な強度及び耐久性を有すること。

(2)　信頼性が高いこと。

(3)　容易に無効とすることができないこと。

(4)　取外すことなしに，工具の交換，そうじ，給油及び調整等の作業が行えるよう設
　　けられること。

6　機械に蓄積されたエネルギー，位置エネルギー，機械の故障若しくは誤動作又は誤
　操作等により機械の運動部分の動作を停止させた状態が維持できないとリスクの増加
　を生じるおそれのあるときは，当該運動部分の停止状態を確実に保持できる機械的拘
　束装置を備えること。

7　固定式ガードを除くガード及び保護装置の制御システムについては，次に定めると

ころによるものとすること。

(1) 別表第2の12及び13に定めるところによること。

(2) 労働者の安全が確認されている場合に限り機械の運転が可能となるものであること。

(3) 危険性又は有害性等の調査の結果に基づき，当該制御システムに要求されるリスクの低減の効果に応じて，適切な設計方策及び構成品が使用されていること。

別表第4　付加保護方策の方法

1　非常停止の機能を付加すること。非常停止装置については，次に定めるところによるものとすること。

(1) 明瞭に視認でき，かつ，直ちに操作可能な位置に必要な個数設けられていること。

(2) 操作されたときに，機械のすべての運転モードで他の機能よりも優先して実行され，リスクの増加を生じることなく，かつ，可能な限り速やかに機械を停止できること。また，必要に応じ，保護装置等を始動するか又は始動を可能とすること。

(3) 解除されるまで停止命令を維持すること。

(4) 定められた解除操作が行われたときに限り，解除が可能であること。

(5) 解除されても，それにより直ちに再起動することがないこと。

2　機械へのはさまれ・巻き込まれ等により拘束された労働者の脱出又は救助のための措置を可能とすること。

3　機械の動力源を遮断するための措置及び機械に蓄積又は残留したエネルギーを除去するための措置を可能とすること。動力源の遮断については，次に定めるところによるものとすること。

(1) すべての動力源を遮断できること。

(2) 動力源の遮断装置は，明確に識別できること。

(3) 動力源の遮断装置の位置から作業を行う労働者が視認できないもの等必要な場合は，遮断装置は動力源を遮断した状態で施錠できること。

(4) 動力源の遮断後においても機械にエネルギーが蓄積又は残留するものにおいては，当該エネルギーを労働者に危害が生ずることなく除去できること。

4　機械の運搬等における危害の防止のため，つり上げのためのフック等の附属用具を設けること等の措置を講じること。

5　墜落，滑り，つまずき等の防止については，次によること。

(1) 高所での作業等墜落等のおそれのあるときは，作業床を設け，かつ，当該作業床の端に手すりを設けること。

(2) 移動時に転落等のおそれのあるときは，安全な通路及び階段を設けること。

(3) 作業床における滑り，つまずき等のおそれのあるときは，床面を滑りにくいもの
　　等とすること。

別表第5　使用上の情報の内容及び提供方法

1　使用上の情報の内容には，次に定める事項その他機械を安全に使用するために通知
　又は警告すべき事項を含めること。

　(1)　製造等を行う者の名称及び住所
　(2)　型式又は製造番号等の機械を特定するための情報
　(3)　機械の仕様及び構造に関する情報
　(4)　機械の使用等に関する情報
　　ア　意図する使用の目的及び方法（機械の保守点検等に関する情報を含む。）
　　イ　運搬，設置，試運転等の使用の開始に関する情報
　　ウ　解体，廃棄等の使用の停止に関する情報
　　エ　機械の故障，異常等に関する情報（修理等の後の再起動に関する情報を含む。）
　　オ　合理的に予見可能な誤使用及び禁止する使用方法
　(5)　安全防護及び付加保護方策に関する情報
　　ア　目的（対象となる危険性又は有害性）
　　イ　設置位置
　　ウ　安全機能及びその構成
　(6)　機械の残留リスク等に関する情報
　　ア　製造等を行う者による保護方策で除去又は低減できなかったリスク
　　イ　特定の用途又は特定の付属品の使用によって生じるおそれのあるリスク
　　ウ　機械を使用する事業者が実施すべき安全防護，付加保護方策，労働者教育，個
　　　人用保護具の使用等の保護方策の内容
　　エ　意図する使用において取り扱われ又は放出される化学物質の化学物質等安全デ
　　　ータシート

2　使用上の情報の提供の方法は，次に定める方法その他適切な方法とすること。

　(1)　標識，警告表示等の貼付を，次に定めるところによるものとすること。
　　ア　危害が発生するおそれのある箇所の近傍の機械の内部，側面，上部等の適切な
　　　場所に貼り付けられていること。
　　イ　機械の寿命を通じて明瞭に判読可能であること。
　　ウ　容易にはく離しないこと。
　　エ　標識又は警告表示は，次に定めるところによるものとすること。
　　　(ア)　危害の種類及び内容が説明されていること。

　㈢　禁止事項又は行うべき事項が指示されていること。

　㈡　明確かつ直ちに理解できるものであること。

　㈣　再提供することが可能であること。

(2)　警報装置を，次に定めるところによるものとすること。

　ア　聴覚信号又は視覚信号による警報が必要に応じ使用されていること。

　イ　機械の内部，側面，上部等の適切な場所に設置されていること。

　ウ　機械の起動，速度超過等重要な警告を発するために使用する警報装置は，次に
　　定めるところによるものとすること。

　　㈠　危険事象を予測して，危険事象が発生する前に発せられること。

　　㈢　曖昧でないこと。

　　㈡　確実に感知又は認識でき，かつ，他のすべての信号と識別できること。

　　㈣　感覚の慣れが生じにくい警告とすること。

　　㈤　信号を発する箇所は，点検が容易なものとすること。

(3)　取扱説明書等の文書の交付を，次に定めるところによるものとすること。

　ア　機械本体の納入時又はそれ以前の適切な時期に提供されること。

　イ　機械が廃棄されるときまで判読が可能な耐久性のあるものとすること。

　ウ　可能な限り簡潔で，理解しやすい表現で記述されていること。

　エ　再提供することが可能であること。

別図　機械の製造等を行う者による危険性又は有害性等の調査及びリスクの低減の手順

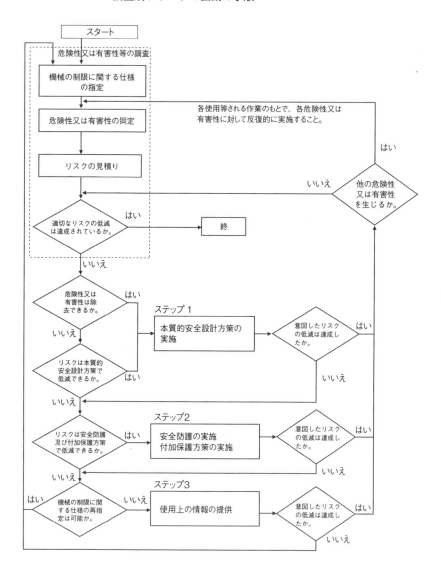

参考資料　「産業用ロボットの実態調査」
(昭和57年7月実施)

I　調査の概要

1．調査の目的

　この調査は，輸送用機械器具製造業，電気機械器具製造業，一般機械器具製造業等を中心に数多く導入されている産業用ロボットの使用の実態と作業に付随する安全衛生上の問題点を把握し，これに対する労働災害防止対策の樹立に資することを目的とするものである。

2．調査の対象

(1)　調査対象事業場

　沖縄県を除く46都道府県において産業用ロボットを導入している190事業場である（**表1**）。

　なお，調査対象事業場は，あらかじめ各都道府県ごとに調査対象事業場数を設定し，各都道府県において業種及び規模に偏りがないように選定したものである（**表2**）。

(2)　調査の対象とした産業用ロボットの種類

　調査の対象とした産業用ロボットは，次の5種類である。

　イ　固定シーケンスロボット

　固定シーケンスロボットとは，あらかじめ設定された順序に従って各段階の動作が逐次進められるシーケンスロボットのうち，一連の動作順序が変えられないものをいう。

　ロ　可変シーケンスロボット

　可変シーケンスロボットとは，シーケンスロボットのうち動作順序の変更が可能なものをいう。

　ハ　プレイバックロボット

　プレイバックロボットとは，マニプレータの先端を人が誘導することによりあらかじめロボットに動作を記憶させ(教示作業)その後同じ動作を反復させるものをいう。

　ニ　数値制御ロボット

　数値制御ロボットとは，穿孔テープ・磁気テープ等に記録された情報によって，その位置・動作順序を制御するものをいう。

　ホ　知能ロボット

　知能ロボットとは，色・形状・距離等を自動的に識別・検出する機能を持ち，その機能により得られた情報に基づいて自らの行動を決定できるものをいう。

3．調査の時期

昭和57年7月1日から7月31日までの間に調査を行った。

4．調査の方法及び機関

都道府県労働基準局の産業安全専門官又は労働衛生専門官による実地調査により行った。

5．その他

この調査は，事例調査であって標本理論に基づく統計調査ではない。

表1　都道府県別調査対象事業場数

都道府県	北海道	青森	岩手	宮城	秋田	山形	福島	茨城	栃木	群馬	埼玉	千葉	東京	神奈川	新潟	富山
調査対象事業場数	7	1	2	3	3	3	3	3	3	3	5	3	10	10	3	3

都道府県	石川	福井	山梨	長野	岐阜	静岡	愛知	三重	滋賀	京都	大阪	兵庫	奈良	和歌山	鳥取	島根
調査対象事業場数	3	3	3	3	3	7	11	3	3	5	10	10	3	3	3	1

都道府県	岡山	広島	山口	徳島	香川	愛媛	高知	福岡	佐賀	長崎	熊本	大分	宮崎	鹿児島	沖縄	合計
調査対象事業場数	5	7	3	2	3	3	3	7	3	3	3	3	3	3	0	190

表2　業種及び事業場規模別調査対象事業場数

業　　種	事　業　場　規　模				
	計	1～29人	30～99人	100～499人	500人～
計	190	13	32	59	86
F22　木材・木製品製造業（家具を除く）	1	—	—	—	1
F23　家具・装備品製造業	6	—	1	4	1
F25　出版・印刷・同関連産業	1	—	—	1	—
F26　化学工業	4	—	—	1	3
F28　ゴム製品製造業	2	—	—	—	2
F30　窯業・土石製品製造業	2	—	—	—	2
F31　鉄鋼業	4	—	—	1	3
F32　非鉄金属製造業	4	1	2	1	—
F33　金属製品製造業	20	3	13	1	3
F34　一般機械器具製造業	56	6	10	22	18
F35　電気機械器具製造業	39	1	2	8	28
F36　輸送用機械器具製造業	42	1	1	18	22
F37　精密機械器具製造業	4	—	1	—	3
F39　その他の製造業	5	1	2	2	—

（注）「業種」は，日本標準産業分類の中分類による。

Ⅱ　調査結果の概要

1．産業用ロボットの導入状況

(1)　導入時期

調査対象事業場（190事業場）において初めて産業用ロボットを導入した時期をみると，最も早いものは，「昭和44年」となっている。その後「昭和51年」までが2～6事業場（1～3％）となっているが，「昭和52年」から徐々に増えはじめ，「昭和55年」が30事業場（15.8％），「昭和56年」が53事業場（27.9％），「昭和57年」（1～7月）が32事業場（16.8％）となっている（表3）。

表3　初めて産業用ロボットを導入した年別設置事業場数（割合）

		計	190（100.0）
そ の 事 業 場 に お い て 初 め て 産 業 用 ロ ボ ッ ト を 導 入 し た 年		昭和44年	3（　1.6）
		45	2（　1.1）
		46	4（　2.1）
		47	4（　2.1）
		48	5（　2.6）
		49	6（　3.2）
		50	4（　2.1）
		51	5（　2.6）
		52	9（　4.7）
		53	17（　8.9）
		54	16（　8.4）
		55	30（15.8）
		56	53（27.9）
		57	32（16.8）

（注）　「昭和57年」は，1月から7月（調査実施時期）まで。

(2)　導入の目的及び効果

調査対象事業場において，「危険作業の排除」，「有害作業の排除」を産業用ロボットの「導入の目的」として挙げる事業場の割合はそれぞれ55.3％，58.9％となっているが，導入の効果については，「効果あり」とする事業場の割合がそれぞれ88.6％，82.1％となっている。

また，「単調労働の機械化」，「重労働の機械化」を産業用ロボットの「導入の目的」として挙げる事業場の割合はそれぞれ69.5％，45.3％，これらを目的として挙げる事業場のうち導入の「効果あり」とする事業場の割合はそれぞれ91.7％，76.7％となっている。

表4　産業用ロボットの導入の目的及び効果別設置事業場数（割合）

（重複回答）　事業場数（％）

導　入　の　目　的	効　あ　り	果　な　し
危険作業の排除	105 （55.3）[1]<100.0>	93 <88.6>	12 <11.4>
有害作業の排除	112 （58.9）<100.0>	92 <82.1>	20 <17.9>
単調労働の機械化	132 （69.5）<100.0>	121 <91.7>	11 < 8.3>
重労働の機械化[2]	86 （45.3）<100.0>	66 <76.7>	20 <23.3>

（注）　1）（　）内の数字は，調査対象事業場数（190事業場）に対して占める割合を示す。
　　　　2）「重労働」の例としては，重量物を取り扱う作業等がある。

(3)　種類別設置台数

　調査対象事業場に設置されている産業用ロボットを種類別にみると，「固定シーケ
ンスロボット」（台数割合42.4％，事業場割合41.6％），「プレイバックロボット」（台
数割合39.0％，事業場割合59.5％）が多く，この両者で調査対象事業場の総設置台数
の約8割を占めている。一方，「可変シーケンスロボット」，「数値制御ロボット」は，
それぞれ台数割合で1割弱，事業場割合で2割強，「知能ロボット」は，台数割合，
事業場割合のいずれも1〜3％と少なくなっている（表5）。

　なお，リースによるものは少なく，調査対象事業場の総設置台数の2.1％となって
いる（表5）。

表5　産業用ロボットの種類別設置台数及び設置事業場数（割合）

産業用ロボットの種類	設　置　台　数　台（％）	うちリース台数台（%）	設置事業場数[1]　事業場数（％）	うちリース事業場数（%）
計	4341（100.0）<100.0>	93<2.1>	190（100.0）<100.0>	16< 8.4>
固定シーケンスロボット	1839（ 42.4）<100.0>	20<1.1>	79（ 41.6）<100.0>	3< 3.8>
可変シーケンスロボット	416（ 9.6）<100.0>	10<2.4>	40（ 21.1）<100.0>	5<12.5>
プレイバックロボット	1692（ 39.0）<100.0>	47<2.8>	113（ 59.5）<100.0>	7< 6.2>
数値制御ロボット	329（ 7.6）<100.0>	16<4.9>	46（ 24.2）<100.0>	3< 6.5>
知能ロボット	65（ 1.5）<100.0>	0<0.0>	5（ 2.6）<100.0>	0< 0.0>

（注）　1）1事業場において複数の種類の産業用ロボットを設置している場合があるの
　　　　　で，「設置事業場数」，「リース事業場数」の産業用ロボットの種類別の事業場数
　　　　　の合計と計欄の事業場数とは一致しない。
　　　　2）< >の数値は，産業用ロボットの設置台数（設置事業場数）に占めるリース
　　　　　による産業用ロボットの設置台数（設置事業場数）の割合を示す。

(1) 用　途

イ　調査対象事業場において設置されている産業用ロボットの用途別設置台数の割
合をみると,「溶接」(41.1%),「加工材の送給・取出し」(36.4%)が多く, 次い
で「組立」(12.4%),「塗装」(3.7%) となっている。さらに, これを産業用ロボ
ットの種類別にみると, 固定シーケンスロボットは「加工材の送給・取出し」(69.5
%), プレイバックロボットは「溶接」(88.0%), 可変シーケンスロボットは「加
工材の送給・取出し」(33.2%),「溶接」(32.2%), 数値制御ロボットは「組立」(49.2
%),「加工材の送給・取出し」(34.3%), 知能ロボットは「組立」(70.8%) がそ
れぞれ多くなっている (**表6**)。

ロ　産業用ロボットの用途別設置事業場数の割合をみると,「加工材の送給・取出し」
(53.7%),「溶接」(42.1%) が多く, 次いで「塗装」(24.7%),「組立」(16.8%)
となっている。さらに, これを産業用ロボットの種類別にみると, 固定シーケン
スロボットは「加工材の送給・取出し」(86.1%), プレイバックロボットは「溶接」
(62.8%), 可変シーケンスロボットは「加工材の送給・取出し」(70.0%),「溶接」
(20.0%), 数値制御ロボットは「加工材の送給・取出し」(56.5%) がそれぞれ多
くなっている (**表7**)。

表6　産業用ロボットの種類及び用途別設置台数 (割合)

台 (%)

産業用ロボット の種類	計	用				途	
		塗装	溶接	組立	加工材 の送給・ 取出し	検査	その他
計	4341 (100.0)	159 (3.7)	1785 (41.1)	538 (12.4)	1580 (36.4)	119 (2.7)	160 (3.7)
固定シーケンス ロボット	1839 (100.0)	9 (0.5)	116 (6.3)	214 (11.6)	1279 (69.5)	116 (6.3)	105 (5.7)
可変シーケンス ロボット	416 (100.0)	30 (7.2)	134 (32.2)	96 (23.1)	138 (33.2)	3 (0.7)	15 (3.6)
プレイバック ロボット	1692 (100.0)	112 (6.6)	1489 (88.0)	20 (1.2)	50 (3.0)	— (—)	21 (1.2)
数値制御ロボット	329 (100.0)	8 (2.4)	27 (8.2)	162 (49.2)	113 (34.3)	— (—)	19 (5.8)
知 能 ロ ボ ッ ト	65 (100.0)	— (—)	19 (29.2)	46 (70.8)	— (—)	— (—)	— (—)

表7　産業用ロボットの種類及び用途別設置事業場数（割合）

事業場数（%）

産業用ロボット の種類	計[1]	用					途
		塗装	溶接	組立	加工材 の送給・ 取出し	検査	その他
計[2]	190 (100.0)	47 (24.7)	80 (42.1)	32 (16.8)	102 (53.7)	2 (1.1)	31 (16.3)
固定シーケンス 　　　ロボット	79 (100.0)	3 (3.8)	6 (7.6)	12 (15.2)	68 (86.1)	2 (2.5)	17 (21.5)
可変シーケンス 　　　ロボット	40 (100.0)	6 (15.0)	8 (20.0)	8 (20.0)	28 (70.0)	1 (2.5)	6 (15.0)
プレイバック 　　　ロボット	113 (100.0)	40 (35.4)	71 (62.8)	8 (7.1)	24 (21.2)	—— (—)	10 (8.8)
数値制御ロボット	46 (100.0)	5 (10.9)	9 (19.6)	14 (30.4)	26 (56.5)	—— (—)	6 (13.0)
知能ロボット	5 (100.0)	—— (—)	3 (60.0)	2 (40.0)	—— (—)	—— (—)	—— (—)

(注)　1)　1事業場において一つの種類の産業用ロボットを複数の用途に用いている場合
　　　　　があるので，用途別の事業場数の合計と計欄の事業場数とは一致しない。
　　　2)　1事業場において複数の種類の産業用ロボットを導入している場合があるの
　　　　　で，種類別の事業場数の合計と計欄の事業場数とは一致しない。

(5)　今後5年間の導入予定

　調査対象事業場のうち今後5年間に産業用ロボットを導入する予定があると答えた
事業場は83.2%となっており，用途別にみると，「加工材の送給・取出し」（73.4%）
が比較的多くなっている（表8）。

表8　今後5年間の導入予定の有無及び用途別設置事業場数（割合）

計	あ　り	今後5年間（昭和58年から昭和62年まで）の導入予定						な　し
		用			途			
		塗　装	溶　接	組　立	加工材 の送給・ 取出し	検　査	その他	
190	158(83.2) 【100.0】	71 【44.9】	80 【50.6】	68 【43.0】	116 【73.4】	6 【3.8】	31 【19.6】	32(16.8)

(注)　1事業場において産業用ロボットを導入し，複数の用途に用いることを予定してい
　　　る場合があるので，用途別の事業場数の合計と「導入予定あり」の事業場数とは一致
　　　しない。

2. 産業用ロボットに関する安全対策の実施状況

(1) 産業用ロボットに接触することによる危険を防止するための措置

　イ　調査対象事業場のうち，産業用ロボットに接触することによる危険を防止するために，何らかの措置が講じられているものの割合は，89.5％となっている（**表9**）。

　ロ　何らかの措置を講じている事業場について，措置の内容をみると，「さく・囲い等」が約7割を占め，次いで「ロープ・鎖等」(23.5％)，「立入禁止の表示」(5.9％)，「光線式安全装置・超音波センサー」(4.1％) の順となっている。「さく・囲い等」,「ロープ・鎖等」を設けている事業場のうち，インターロック装置を設けている事業場の割合は，それぞれ39.8％，10.0％となっている（**表9**）。

表9　産業用ロボットに接触することによる危険を防止するための措置の有無及び内容別事業場数（割合）[1]

産業用ロボットに接触することによる危険を防止するための措置			計	190 (100.0)
			あ　　　り	170 (89.5) <100.0>
	措置の内容	光線式安全装置・超音波センサー[2]		7　< 4.1>
		さく・囲い等		113　<66.5>【100.0】
		うち，インターロック装置[3]あり		45　　　　　【 39.8】
		ロープ・鎖等		40　<23.5>【100.0】
		うち，インターロック装置あり		4　　　　　【 10.0】
		立入禁止の表示		10　< 5.9>
		な　　　し		20 (10.5)

(注)　1) 調査対象事業場における産業用ロボット全数について確認したものではなく，1調査対象事業場について1例抽出し確認したものである。
　　　2)「光線式安全装置・超音波センサー」とは，光線又は超音波により労働者の接近を把握し，労働者が産業用ロボットに近づくと産業用ロボットを自動的に停止する装置をいう。
　　　3)「インターロック装置」とは，さく，囲い等の扉をあけ，又はロープ，鎖等を外すと産業用ロボットを自動的に停止する装置をいう。

(2) 非常停止装置の設置

　調査対象事業場のうち，産業用ロボットに非常停止装置を設けている事業場の割合は，95.8％となっている。非常停止装置を設けている事業場のうち，「リセット機能あり」は93.4％となっている（**表10**）。

表10 非常停止装置の有無別事業場数 (割合)[1]

非常停止装置		計	190(100.0)	
	あ	り	182(95.8)	<100.0>
	うちリセット機能あり[2]		170	< 93.4>
	な	し	8(4.2)	

(注) 1) 調査対象事業場における産業用ロボット全数について確認したものではなく1調査事業場について1例抽出し確認したものである。
2) 「リセット機能」とは，非常停止装置作動後，再起動するときに，起動ボタンを操作する前に起動ボタン以外のボタン等を操作しなければ再起動しない機能をいう。

(3) 点検・補修の実施

① 調査対象事業場のうち，最近1年間において定期点検を行った事業場の割合は67.4%となっている．定期点検を行った事業場について，その実施回数をみると，「1回」が39.1%，次いで「2回」が25.8%となっている（表11）。

② 調査対象事業場のうち，最近1年間において補修を行った事業場の割合は，57.9%となっている．補修を行った事業場について，その実施回数をみると，「1回」が30.9%，次いで「2回」が23.6%となっている（表11）。

表11 最近1年間の定期点検・補修の実施状況別事業場数 (割合)

最近1年間の実施状況	定 期 点 検		補 修	
計	190(100.0)		190(100.0)	
行った	128(67.4)	<100.0>	110(57.9)	<100.0>
1回	50	< 39.1>	34	< 30.9>
2回	33	< 25.8>	26	< 23.6>
3回	2	< 1.6>	9	< 8.2>
4回	9	< 7.0>	7	< 6.4>
5～11回	7	< 5.5>	20	< 18.2>
12回以上	27	< 21.1>	14	< 12.7>
行わなかった	62(32.6)		80(42.1)	

(注) 実施回数は，産業用ロボット1台当たりの平均回数。

(4) 作業開始前点検の実施

調査対象事業場のうち，作業開始前に産業用ロボットの点検を行っている事業場の割合は，89.5%となっている（表12）。

表12　作業開始前点検の実施状況別事業場数（割合）

作　　業	計	190（100.0）
開 始 前	行っている	170（ 89.5）
点　　検	行っていない	20（ 10.5）

(5)　産業用ロボット取扱者等に対する教育

　調査対象事業場のうち，「教示・調整」，「運転・監視等」，「定期点検」，「補修」の業務に従事する者に教育を行った事業場は，それぞれ90.0％，82.6％，66.3％，63.2％となっている。教育を行った事業場について，その教育時間数をみると，「教示・調整」は5時間を超えるものが約7割，「運転・監視等」は約5割，「定期点検」，「補修」は約4割となっている（**表13**）。

表13　産業用ロボット取扱者等に対する教育の実施 状況別事業場数（割合）

教育実施状況	教示・調整		運転・監視等		定 期 点 検		補　　修	
計	190（100.0）		190（100.0）		190（100.0）		190（100.0）	
行った	171（90.0）	<100.0>	157（82.6）	<100.0>	126（66.3）	<100.0>	120（63.2）	<100.0>
5時間以下	57	< 33.3>	74	< 47.1>	75	< 59.5>	71	< 59.2>
5～10時間	35	< 20.5>	27	< 17.2>	20	< 15.9>	17	< 14.2>
10～15時間	20	< 11.7>	14	< 8.9>	6	< 4.8>	7	< 5.8>
15～20時間	15	< 8.8>	13	< 8.3>	7	< 5.6>	5	< 4.2>
20～25時間	15	< 8.8>	4	< 2.5>	4	< 3.2>	2	< 1.7>
25～30時間	4	< 2.3>	5	< 3.2>	—	< —>	2	< 1.7>
30時間を超えるもの	25	< 14.6>	20	< 12.7>	14	< 11.1>（注）	16	< 13.3>（注）
行わなかった	19（10.0）		33（17.4）		64（33.7）		70（36.8）	

　（注）　「定期点検」，「補修」に関する教育を行わなかった事業場には，「定期点検」，「補修」をメーカー等に委託し，自社では行っていない事業場を含む。

3．産業用ロボットによる労働災害等の発生状況

①　調査対象事業場（190事業場）において産業用ロボットの設置後発生した産業用ロボットによる労働災害は，死亡2件（2事業場），休業（1日以上）2件（2事業場），不休7件（4事業場），合計11件（6事業場）であり，その概要は**表15**のとおりである。なお，これら11件の労働災害は，昭和53年以降に発生したものであり，そのうち7件は昭和56年以降に発生している（**表14**）。

②　また，産業用ロボットの誤動作，労働者のマニプレータへの接近等によって労働

者がマニプレータに接触しそうになった事例は，37件（28事業場）でありその代表
例は表16のとおりである。なお，これら37件の事例は，昭和53年以降に発生した
ものであり，そのうち33件は昭和56年以降に発生している（表14）。

表14　産業用ロボットによる労働災害等の発生年別件数（件）

昭和　年	労 働 災 害	マニプレータに接触しそうになった事例
53	2	2
54	2	0
55	—	2
56	6	13
57	1	20
計	11	37

表15　産業用ロボットによる災害事例の概要

No	発生年	災 害 発 生 状 況	程　度	作業状態
1	昭和53年	コンベヤー上の加工不良の加工物を両手で持ち上げて除去しようと動かしたとき，産業用ロボット（加工材の送給・取出し用）の作動用リミットスイッチが作動し，産業用ロボットに背中を押さえつけられた。	死　亡	運転中
2	昭和56年	機械（シェービングマシン）の調整後，起動ボタンを押したところ背後の産業用ロボット（加工材の送給・取出し用）のマニプレータが伸びて，マニプレータと機械の間に身体をはさまれた。	死　亡	関連機器の調整中
3	昭和53年	産業用ロボット（溶接用）の運転中，産業用ロボットの作動が不調のため，マニプレータの作動範囲に入り，マニプレータで腰部を打たれた。	休　業7　日	運転中
4	昭和56年	産業用ロボット（組立用）のカバーを外して調整中，落ちた部品を拾おうとして，産業用ロボットの動力伝導部分に手を巻き込まれた。	休　業3　日	調整中
5	昭和54年	産業用ロボット（組立用）の電源を遮断しないで落ちた組立部品を拾おうとして，マニプレータの作動範囲に入り，マニプレータと設備との間に手	不　休	運転中

		をはさまれた。		
6	昭和54年	産業用ロボット（組立用）を点検中，マニプレータが誤動作をしたため，マニプレータで手を打たれた。	不　休	点検中
7	昭和56年	産業用ロボットに教示しているとき，マニプレータが誤動作をしたため，マニプレータに身体を打たれた。	不　休	教示中
8	昭和56年	産業用ロボットの電源を遮断せずに，マニプレータの作動範囲に入り関連機器の清掃をしようと手を近づけたとき，マニプレータで手を打たれた。	不　休	運転中
9	昭和56年	産業用ロボット（組立用）を修理していたとき，マニプレータが誤動作をしたため手を打たれた。	不　休	修理中
10	昭和56年	産業用ロボット（組立用）を修理中，同僚が誤ってスイッチを入れたため，マニプレータで手を打たれた。	不　休	修理中
11	昭和57年	加工材の送給を産業用ロボットで行っている旋盤の切粉を，産業用ロボットの運転中にエアーガンで払っていたとき，マニプレータと加工材の間に手をはさまれた。	不　休	運転中

表16　産業用ロボットの誤動作，労働者のマニプレータへの接近によって，労働者がマニプレータに接触しそうになった事例（代表例）

番号	発　　生　　状　　況	作業状態
1	教示作業中，ティーチングボックス押しボタンが故障してマニプレータが止まらなかった。	教示中
2	教示作業中，操作手順ミスによりマニプレータが急に原点に戻った。	教示中
3	教示作業中，配線が断線したためマニプレータが急に高速で動き出した。	教示中
4	教示作業中，誤操作によりマニプレータが思わぬ方向に動いた。	教示中
5	教示をしようとしてロボットの電源を入れたところ，マニプレータが不意に作動して機械に激突した。	教示中
6	加工材が落下したため，スイッチを切らずにマニプレータに接近し，激突されそうになった。	運転中

7	設定した加工材の位置を直そうとして，起動ボタンを押した後，頭をマニプレータに近づけたため，接触しそうになった。	運転中
8	加工材の位置を直していたらマニプレータが戻ってきてぶつかりそうになった。	運転中
9	加工材を治具にセット中，作業者がロボットに頭を近づけたためマニプレータが目の前にきた。	運転中
10	マニプレータが誤動作をしたので点検していたところ，他の労働者が操作したため，マニプレータが作動した。	点検中
11	吸着異常の点検中，マニプレータが残圧により動き，マニプレータに接触しそうになった。	点検中
12	固定シーケンスロボットを調整中，電源を切らずに作業していたため，リミットスイッチに接触しマニプレータが動いた。	調整中
13	切粉を除去するため電源スイッチを切らずにマニプレータに接近したため激突されそうになった。	掃除中

改訂　労働安全衛生規則の解説　　産業用ロボット関係

昭和58年 8 月31日	第 1 版発行
昭和60年 1 月10日	第 6 版第 1 刷発行
平成 7 年10月16日	第 7 版第 1 刷発行
平成20年12月25日	第 8 版第 1 刷発行
平成27年12月22日	第 9 版第 1 刷発行
令和 2 年 5 月14日	第10版第 1 刷発行
令和 6 年 7 月 4 日	第 6 刷発行

編　　　者	中央労働災害防止協会
発　行　者	平山　剛
発　行　所	中央労働災害防止協会
	東京都港区芝浦3-17-12 吾妻ビル 9 階
	〒108-0023
	電話　販売　03-3452-6401
	編集　03-3452-6209
印刷・製本	株式会社 アイネット

落丁・乱丁本はお取り替えいたします　　　　　　　　©JISHA 2020
ISBN978-4-8059-1938-5　C3032
　　　　　中災防ホームページ　https://www.jisha.or.jp/